Johannes Höser

Die syntaktischen Erscheinungen in Be Domes Daege

Johannes Höser

Die syntaktischen Erscheinungen in Be Domes Daege

ISBN/EAN: 9783744612661

Hergestellt in Europa, USA, Kanada, Australien, Japan

Cover: Foto ©Thomas Meinert / pixelio.de

Weitere Bücher finden Sie auf **www.hansebooks.com**

DIE SYNTAKTISCHEN ERSCHEINUNGEN IN BE DOMES DÆGE.

VON

JOHANNES HÖSER.

———

HALLE a/S.
MAX NIEMEYER.
1889.

Inhaltsverzeichnis.

Erster Teil. Die Syntax der Wortklassen.
Erster Abschnitt. Die flexivischen Wortklassen.
Erstes Kapitel. Das Substantiv.

A. Der Numerus.

		Seite
§ 1.	Der Singular	2
§ 2.	Der Plural	2

B. Die Kasus.

I. Der Nominativ.

§ 3.	Der Nominativ als Kasus des Subjekts	3
§ 4.	Der Nominativ als Kasus der Anrede	3
§ 5.	Der Nominativ als Kasus der Prädikatsergänzung . .	3

II. Der Genetiv.

1. Der Genetiv im attributiven Verhältnisse.
   a) bei Substantiven.

§ 6.	Der subjektive Genetiv	6
§ 7.	Der objektive Genetiv	7
§ 8.	Der partitive Genetiv	8

   b) bei Adjektiven.

| § 9. | Der objektive Genetiv . . . . . . | 8 |
| § 10. | Der partitive Genetiv . . . . . . | 8 |

   c) bei Für- und Zahlwörtern.

| § 11. | Der partitive Genetiv . . . . . | 9 |

2. Der Genetiv im adverbialen Verhältnisse.

| § 12. | Der Genetiv als Objekt . . . . . . | 9 |
| § 13. | Der Genetiv als Prädikatsergänzung . . . . . | 9 |

III. Der Dativ.

§ 14.	Der Dativ der beteiligten Person	9
§ 15.	Dativus commodi und incommodi	10
§ 16.	Der Dativ als einziges Objekt	11
§ 17.	Der Dativ bei Adjektiven	12

		Seite
IV. Der Instrumental.		
§ 18.	Allgemeines	12
§ 19.	Der Instrumental des Mittels	12
§ 20.	Der Instrumental der Art und Weise, der begleitenden Umstände	13
§ 21.	Der Instrumental des Ortes	13
§ 22.	Der Instrumental der Zeit	13
§ 23.	Der Instrumental beim Verbum	13
V. Der Akkusativ.		
§ 24.	Das Objekt transitiver Verba . .	14
§ 25.	Der doppelte Akkusativ . . .	15

Zweites Kapitel. Das Adjektiv.

§ 26.	Das substantivierte Adjektiv . . .	15
§ 27.	Das Zahlwort	16

Drittes Kapitel. Das Pronomen.

I. Das Personalpronomen.

§ 28.	Das persönliche Pronomen als Subjekt . .	16
§ 29.	Das persönliche Pronomen als Determinativum	16

II. Das Reflexivpronomen.

§ 30.	Der Ersatz des fehlenden Reflexivums . . ,	17

III. Das Possessivpronomen.

§ 31.	Die Verwendung und Stellung des Possessivpronomens.	17

IV. Das Demonstrativpronomen.

§ 32.	sè, sêo, þæt als Demonstrativ . . .	17
§ 33.	sè, sêo, þæt als bestimmter Artikel . .	19
§ 34.	þes, þèos, þis	22

V. Das Relativpronomen.

§ 35.	Das Demonstrativum sè, sêo, þæt . .	23
§ 36.	Die Relativpartikel þe	23
§ 37.	Swyle	24

VI. Das Interrogativpronomen.

§ 38.	Hwâ und hwyle	24

VII. Die indefiniten Pronomina.

§ 39.	Die Einteilung der Indefinita	25
§ 40.	Die quantitativen Indefinita	25
§ 41.	Die negativen Indefinita	26
§ 42.	Die qualitativen Indefinita	26

Viertes Kapitel. Das Verbum.

I. Die Einteilung der Verba.

		Seite
§ 13.	Begriffsverba	27
§ 14.	Hilfsverba	28

II. Die Genera.

§ 45.	Das Aktivum	30
§ 46.	Das Passivum und das Präsens des Passivs . .	31
§ 47.	Das Präteritum des Passivs	31
§ 48.	Das Perfekt und Plusquamperfekt des Passivs .	31
§ 49.	Das Futurum des Passivs	31

III. Die Tempora.

§ 50.	Präsens und Futurum	32
§ 51.	Das Präteritum	33
§ 52.	Die Folge der Zeiten	34

IV. Die Modi.

§ 53.	Der Indikativ	35
§ 54.	Der Konjunktiv	36
§ 55.	Der Imperativ	37

V. Die Participialien.

§ 56.	Der Infinitiv	37
§ 57.	Das Participium	38

Zweiter Abschnitt. Die inflexibeln Wortklassen.

Erstes Kapitel. Die Präpositionen.

§ 58.	Die Einteilung der Präpositionen	39

A. Die echten Präpositionen.

§ 59.	æt	39
§ 60.	be	39
§ 61.	beforan	40
§ 62.	bûtan	40
§ 63.	for	40
§ 64.	in	40
§ 65.	innan	40
§ 66.	mid	40
§ 67.	of	41
§ 68.	on	41
§ 69.	tô	42
§ 70.	þurh	42
§ 71.	ufenan	42
§ 72.	under	42
§ 73.	wið	43

B. Die unechten Präpositionen.

	Seite
§ 74. Die substantivischen	43
§ 75. Die adjektivischen	43

Zweites Kapitel. Die Adverbien.

§ 76. Die Verwendung der Adv., ihre Berührung mit dem Adjektiv	44
§ 77. Die Adverbien des Ortes	44
§ 78. Die Adverbien der Zeit	46
§ 79. Die Adverbien der Modalität	47
§ 80. Die Adverbien der Kausalität	48
§ 81. Die einfache Verneinung ne	48
§ 82. Die Verdoppelung der Verneinung	48
§ 83. Die konjunktionale Verneinung nê	48

Drittes Kapitel. Die Konjunktionen.

§ 84. Die Einteilung der Konjunktionen 50

Viertes Kapitel. Die Interjektionen.

§ 85. Aufzählung der Interjektionen 51

Zweiter Teil. Die Syntax des Satzes.

Erster Abschnitt. Der einfache Satz.

Erstes Kapitel. Subjekt und Prädikat.

A. Das Subjekt.

§ 86. Das grammatische Subjekt	52
§ 87. Die Wiederholung des pronominalen Subjekts . .	52

B. Die Übereinstimmung des Subjekts und Prädikats.

§ 88. Einfaches Subjekt	53
§ 89. Mehrfaches Subjekt	54

Zweites Kapitel. Die Wortstellung.

A. Die Stellung des Subjekts und Prädikats.

§ 90. Hauptsätze	55
§ 91. Nebensätze	57

B. Die Stellung des Objekts zum Prädikate.

§ 92. Das Objekt in Haupt- und Nebensätzen 58

C. Die Stellung des Adverbs und der adverbialen Satzbestimmung.

§ 93 58

Drittes Kapitel. Apposition und Attribut.

§ 94. Die Apposition	60
§ 95. Das Attribut	61

	Seite
§ 96. Die Stellung des Attributs	64
§ 97. Zwei Attribute und ein Beziehungswort . .	64
§ 98. Ein Attribut und zwei Beziehungswörter . .	64

Zweiter Abschnitt. Der zusammengesetzte Satz.
Erstes Kapitel. Die Beiordnung der Sätze.
A. Die syndetische Beiordnung.

§ 99. Die kopulative Beiordnung	66
§ 100. Die disjunktive Beiordnung	67
§ 101. Die adversative Beiordnung	67
§ 102. Die kausale Beiordnung	68

B. Die asyndetische Beiordnung.

§ 103. Die Asyndese	68
§ 104. Die Asyndese ersetzt die kopulative Beiordnung .	68
§ 105. Die Asyndese ersetzt die kausale Beiordnung .	69
§ 106. Die Vermischung von Syndese und Asyndese .	69

C. Die Zusammenziehung beigeordneter Sätze.

§ 107. Die Zusammenziehung überhaupt	69
§ 108. Die syndetische Zusammenziehung	70
§ 109. Die asyndetische Zusammenziehung	70

Zweites Kapitel. Die Unterordnung der Sätze.

§ 110. Die unterordnende Satzverbindung . .	71

I. Der Substantivsatz.

§ 111. Der Substantivsatz als Subjekt und Objekt	71

II. Der Adjektivsatz.

§ 112. Die Arten des Adjektivsatzes . . .	72

III. Der Adverbialsatz.

§ 113. Die Einteilung der Adverbialsätze . .	74
§ 114. Der Adverbialsatz der Zeitbestimmung .	74
Die Adverbialsätze der Kausalität.	
§ 115. Der Kausalsatz	74
§ 116. Der Bedingungssatz	75
§ 117. Der Folgesatz	75
§ 118. Der Absichtssatz	76
§ 119. Der Modalsatz	76

Das kurze Be Dômes Dæge betitelte Gedicht ist in einer aus dem elften Jahrhundert stammenden Handschrift des Corpus Christi College in Cambridge enthalten. Nebst einigen anderen in derselben Handschrift stehenden kurzen Gedichten ist es 1876 von J. Rawson Lumby für die Early English Text Society herausgegeben. Lumby hat dem angelsächsischen Texte eine neuenglische Übersetzung gegenübergestellt. Be Dômes Dæge ist eine getreue Übertragung eines lateinischen in Hexametern abgefassten Gedichtes „De Die Judicii", welches dem Beda oder Alkuin zugeschrieben wird. Wülker meint, das Gedicht sei wohl von einem Westsachsen gegen Ende des zehnten Jahrhunderts verfasst. (Wülker, Grundriss III § 398—400; ausserdem vgl. man § 394).

Die Textbesserungen, die A. Brandl im vierten Bande der Anglia (p. 97—104) nach Benutzung einer Textvergleichung von G. Schleich giebt, sind in der folgenden Abhandlung berücksichtigt worden.

Erster Teil.
Die Syntax der Wortklassen.

Erster Abschnitt.
Die flexivischen Wortklassen.

Erstes Kapitel. Das Substantiv.
A. Der Numerus.

§ 1. Der Singular steht bisweilen in kollektivem Sinne zur Bezeichnung der Mehrheit:
wolen wæs gehrêred 8. — betweox fæder and sunu, frêolîcum werede 296. — fæder und sunu sind Dative des Singulars, frêolîcum werede ist Apposition dazu; diese Stelle übersetzt das lateinische inter et Ecclesiae sanctos, natosque patresque (150).

Auch die substantivierten Adjektive *earm* and *êadig*, calle bêoð âfêred, þær hæfð âne lage *earm* and *se welega* (162) können als singularische Bezeichnung der Mehrheit hierher gerechnet werden.

§ 2. Der Plural wird — abgesehen davon, dass er die Vielheit einzelner Personen oder Gegenstände bezeichnet — verwendet

a) von Gegenständen, die aus zwei Teilen bestehen: brêost mîne bêate 30.
In der Bedeutung „Herz" kommt brêost zweimal als Singular vor: (gyltas) brêostes 42. — bið þæt earme brêost mid bitere care brêged 212.

b) um die Grösse, Stärke, Intensität oder die einzelnen Äusserungen eines Zustandes oder einer Thätigkeit auszudrücken: betwyx forsworcenum sweartum nihtum

198. — (nû þê) heofonrices weard gehýrcð mid lustum 70. — mid gesyntum.... cwyldas.... and witum.... forbûgon 249.

B. Die Kasus.
I. Der Nominativ.

§ 3. Der Nominativ ist der Kasus des Subjekts.

§ 4. Der Nominativ dient als Kasus der Anrede. Es scheint mir nicht berechtigt, von dem Vokativ als einem besonderen Kasus zu sprechen, da in den altgermanischen Sprachen (mit Ausnahme der gotischen) als sogenannter Vokativ stets der Nominativ verwendet wird. lâ, earme geþanc 65. — oððe hwî swîgast þû, synnigu tunge? 67. — hwæt ligst þû on horwe..., flæsc? 78. — hwæt dêst þû, lâ flæsc? |175. — Ic bidde, man, that þû gemune 122.

§ 5. Der Nominativ ist der Kasus der Prädikatsergänzung bei intransitiven Verben.

1. Substantive.
 a) bei wesan: ðis is ân hæl (fem.) 43. — þæt is Maria 293. — þæt is hêalic gifu 279.
 b) bei andern Intransitiven: upheofon... gewuxsað... dwolma sweart 106. —
2. Adjektive.
 a) bei wesan und bêon.
  α) der Positiv. Das Adjektiv hat als Prädikatsnomen im Positiv starke Deklination, dieselbe hat beim Maskulinum und Neutrum besondere Endungen nur im Plurale; im vorliegenden Gedichte findet sich kein Plural eines Positivs als Prädikatsnomen; das Femininum hat auch im Singular eine besondere Nominativendung, aber bei dem einzigen hier in Frage kommenden Adjektiv mære (55) ist dieselbe nicht zu erkennen.
  Maskulinum: se sceaða wæs... scyldig and mânful 57. — glæd bið se godes sunu 86. — cal bið êac upheofon sweart 104/5. — hû micel bið se brôga 122. — ne mæg þær æniman be ârnum gewyrhtum gedyrstig wesan 170. — hê is bealuwes full 194. — sê bið gesælig and ofer sælig 246. — Femininum: hû

mære is séo sóðe hreow 55/56. — Neutrum: þæt hit ne sŷ dægeñð 40. — þæt þæt díble wæs 40. — nû is hálwende, þæt.. 84. — hû micel is þæt wîte 92. — eall þæt.... þonne bið eallum open 142. — þæt unâlŷfed is nû leofes on lífe, láð bið þænne 242/3.
β) der Komparativ: þæt þû béo hrædra 75.
γ) der Superlativ. Der prädikative Superlativ ist stark flektiert.
(ðis is) sélest hihta (masc.) 44. — (sé bið) wihta (fem. neutr.) gesæligost 247. — þæt is hihta mæst 252.
b) bei anderen Intransitiven und beim Passiv. Manchmal lässt sich das Adjektiv auch als nähere Bestimmung zum Subjekte auffassen, z. B. V. 107 (unten) mit Prolepsis.
α) das Maskulinum. Singular: (upheofon gewuxsað) deore and dim hiw 106. — sitt.. sigel-beorht swegles brytta 117. — stent hé heortléas and earh... mihtléas 124/5. — (sé þe mæg) samod blîðe.... his þéodne geþéon 250. („als ein Froher", denn nicht in froher Weise dienen soll es heissen, sondern der Dienende soll froh sein). — þær stænt âstifad stáne gelícast cal ârléas héap 173. — Plural: stedelèase steorran hréosað 107. — (þâ þe)....tô-wearde geteald wæron âwiht 133. — Lumby übersetzt who were at all about to be reckoned, statt etwa who in general were reckoned to be future oder who in general were expected to come.
Anmerkung. Auch ân wird prädikativ gebraucht: ic âna sæt 1.
β) das Femininum kommt nicht vor.
γ) das Neutrum: eal þæt ûs þincð æmtig éah-gemearces 148. — (flæsc, þû) hér glæd leofast on gâlnysse 178. — Lumby fasst glæd als Adverb ohne Endung auf, was mir nicht nötig erscheint, da die Erklärung des glæd als einer Prädikatsergänzung ungezwungen ist.
3. Participien.
a) Das Particip des Präsens.
α) bei sein oder werden periphrastisch.
Der Text bietet kein Beispiel, denn in V. 130 þe on foldan wearð fédend ist fédend nur verschrieben für

féded, da fêdan in intransitiver, reflexiver Bedeutung sonst nicht belegt ist.

β) bei sonstigen Intransitiven: ic murenigende cwæð 25.

b) Das Particip des Präteritums.

α) bei sein und werden zur Umschreibung des Passivs transitiver und der zusammengesetzten Zeiten des Aktivs intransitiver Verben.

Das Maskulinum ist im Singular ohne Flexion, im Plurale kommen hier starke Participien als Prädikatsergänzung nicht vor, die schwachen auf d und t haben meist das Pluralzeichen, Ausnahmen s. unten zuletzt 133. 162. 190.

Singular: wolen wæs gehrêred 8. — (sê scaþa) þe mid criste wæs ewylmed 54. — se sceaða wæs.... mid undædum eall gesŷmed 58. — eal bið êac uphcofon.... gesworcen 105. — byð gefylled eal uplîc lyft 144. — bûton hê horwum sŷ bêr âfeormad 156.

Plural: wê bêoð fêringa him beforan brôhte 119. — bêoð calra gesweotolude dîgle geþancas 134. — þær bêoð þa wânigendan welras gefylde ligspîwelum bryne*) 208. — þær hŷ bêoð geþêode þêodscipum ongemang 282. — oþþe (þâ þe) tô-wearde geteald wæron 133. — þær synt tô sorge wetsomne gemenged se þrosma lig and se þrece gicela 190. — ealle bêoð âfæred 162.

Das Femininum: ne bið þær ansŷn gesewen 202. — ne bið þær ansŷn gemêt (= gemêted) 224.

Demnach ist das Femininum starker und schwacher Participien im Singular unveränderlich, für den Plural fehlen die Belege.

Das Neutrum kommt nur im Singular, also ohne besondere Endung vor: min earme môd eal wæs gedrêfed 9. — þæt hit sŷ ... call âbæred 41. — æne bið .... âboden þider eal adames cnôsl 128. — (eal bið) âlŷfed 143. — (eal) bið .... gefylled 150. — ne bið þær inne âht gemêted 204. — bið þæt earme brêost mid bitere care

*) Man vgl. Brandl, Be Domes Dæge. Anglia IV. S. 97—104.

brégcd and swenced 213. — þæt hit (flǽse) on ewcartern ewylmed wyrde 216.
β) bei sonstigen Intransitiven: Ic âna sæt.... mid helme beþeht 2. — ic murcnigende cwæð môde gedréfed 25. — hwæt ligst þû on horwc leahtrum âfylled 77. — stíþ-mægen (cumeð) âstyred 114. — sitt þonne swegles brytta on héah setle helme beweorðod 118. — stent hé ... âmasod and âmarod ... âfæred 125. — (bûton he) þider cume þearle âclǽnsad 157. — þǽr stænt âstifad ... cal ârléas héap 173.

II. Der Genetiv.

1. Der Genetiv im attributiven Verhältnisse.

a. bei Substantiven.

§ 6. Der subjektive Genetiv.

Bei der Entwickelung des Genetivverhältnisses zu einem Satze ist das im Genetiv stehende Wort das Subjekt für die im regierenden Worte liegende Handlung. Die Verwendung dieses Genetivs ist aber eine sehr ausgedehnte, denn auch die Genetive nach solchen Substantiven, die nicht eine Thätigkeit ausdrücken, gehören in seinen Bereich: er bezeichnet den Besitzer, den Urheber, die Zugehörigkeit einer Sache zu einer anderen als possessiver Genetiv.

a) nach Thätigkeitsbegriffen: þæs dimman cyme déaðes 14. — cristes cyme 98. — se egeslîca swêg ungerŷdre sǽ 102. — for þæs ofnes bryne 194. — bryne lâðlîces fŷres 209. — nânes lîges gebrasl (Prasseln) 259.

b) Auch die folgenden Genetive — manche könnte man genetivi causae nennen — scheinen am besten hier untergebracht. þurh winda gryre 8. — þæt yrre ... êces déman 76. — weallendes picces wêan and þrosmes 199. — þǽre nihte genipu 110. — unstences ormǽtnesse 207. — þæs heofenlîcan léohtes sciman 254. — déaðes gryre. — 265 nach Heyne (Beow. 5. Aufl., Glossar) ist gryre „alles Graus Erweckende": hic Wyrd forswêop on Grendles gryre (478) = zu dem grauenvollen Gr.

c) Der possessive Genetiv: mǽrðe drihtnes and þâra hâligra 21. — earmsceapenra yfel 23. — godes sunu 86.

— call manna môd 103. — beforan dômsetle drihtnes 123. — mannes hand 138. — adames cnôsl 129. — heortan syn scyldigra 168. — (wîtu) þâ oferswiðað sefan and sprǽce manna gehwylces 185. — þa têþ .. manna 195. — þâ .. ǽrendracan ælmihtiges godes 285. — godes drût 290. — þâ rîcu ... þæs breman fæder 295. — on upcundra êadegum setlum 303. — rîce rǽdwitan rôderaweardes 298. — Die possessiven Genetive his und heora: þurh his dîblan miht 20. — mid swîðran his 49. — (hê drihtene) his bênabebêad 60. — hê his hǽle begeat 62. — tô his ansŷne 120. — be his dǽdum 121. — his þéodne 251. — his sunu 277. — heora sinnigan brêost 159. — heora heortan 167. — (hŷ) heora bân gnagað 211.

lîfes leahtra 13. — (gyltas) brêostes, (tungan, flǽsces) 42. — wlacan smocan wǽces flǽsces (lini, Dochtes) 51. — beorga hlida (für hlidu) 101. — sticelum þæs gǽlsan 179.*) — se þrosma lîg 191. — þâ ǽnlîcan geatu neorxnawonges 64. — eorðan ymbhwyrft 72. — þysse worulde gefêan 232.

Auch Ausdrücke wie: swegles hlêo 126 und — rôderes ryne 149 gehören hierher.

Anmerkung. Lumby liest in V. 149 rôderes *rŷne* (under the roaring of the sky). rŷn=rugitus ist bei Grein nur einmal Met. 13²⁰ belegt, Leo hat es gar nicht. „Under" in übertragener Bedeutung scheint selten zu sein, Beow. 739. (Heyne 5. Aufl.) nnder fǽrgripum. Koch führt „under" in übertragener Bedeutung gar nicht auf, deutet aber eine Stelle aus Sax. Chron. mit „unter dem Vorwande". Darum möchte ich hier die in der ags. Dichtung so häufige epische Wendung under rôderes *ryne* annehmen. Das lateinische sonitus wird genügend wiedergegeben durch bláwað und braslað, während rôderes ryne eine weitere Ausführung des gremium inane (V. 74) ist. Der Sinn ist bei dieser Auffassung, glaube ich, ein ganz guter: alles unter des Himmels Weite, was frei der Augengrenze d. i. unbegrenzt uns dünkt. ...

§ 7. Der objektive Genetiv.

Der objektive Genetiv erscheint bei Substantiven, die eine Handlung bezeichnen. Bei der Entwickelung des Genetivverhältnisses zu einem Satze ist der Genetiv das Objekt des Thätigkeitsbegriffes.

*) Vgl. Brandl, a. a. O.

séo sôðc hréow synna and gylta 56. — téara gyte 79. — lifes læcedômes anstatt læcedômas 81. — yfeles on wênan 174. — wéana tô léane 183. — se þrece giccla 191. — ansŷn ... ænigre wihte bûtan þâra ewelra 203. — ansŷn ænigre blisse 224. Auch die Genetive nach Ausdrücken für Herrscher und dergl. sind als objektive anzusehen: wealdend engla 50. — heofonríces weard 70. — lifes fréan 81. — swegles brytta 117. — rôdera-weardes (Man vgl. § 21 Anm.) 298. — heofenes god 88. Unter den objektiven Genetiv fallen ferner Ausdrücke wie: nû þû forgifnesse hæfst gearugne tîman 68. — þâ hwîle tîma sŷ and tîd wôpes 83.

§ 8. Der partitive Genetiv.

folca unrîm 158. — þâra wera worn 221. — þæra hâligra héapum and þréatum 281. — rôsena réade héapas 286. Dem partitiven Genetive am nächsten verwandt sind die folgenden Genetivverhältnisse: eall manna cynn 19. — eal engla werod 115. 127. — gemang þâm ænlîcan engla werode 280. — enôsl corðbûendra 129. — So brauchen auch das Neuhochdeutsche und das Neuenglische ein Nomen mit folgendem partitiven Genetive zur Bezeichnung der Gesamtheit, z. B. wir sind unser vier, all of us, there were seven of them.

Anmerkung 1. Durch Wiederholung eines Substantivs im Genetiv des Plurals wird der Begriff gesteigert: on worulda woruld 197. — 247. — Man vergleiche damit das deutsche „das Buch der Bücher", das franz. l'Etre des Etres. (Mätzner, franz. Gram. p. 481.)

Anmerkung 2. Als attributiver Genetiv bei einem Substantiv möge ein Genetiv des Stoffes hier Platz finden: lêohtes lytel sperca 218.

b. bei Adjektiven.

§ 9. Der objektive Genetiv.

æmtig éah-gemearces 148. — bealuwes full 191. — 188 ist wohl mit Brandl zu lesen fulle stôwa fŷres.

§ 10. Der partitive Genetiv steht nach folgenden Superlativen:

sêlest hihta 44. — wihta gesæligost 247. — hihta mæst 252. — beortost wereda 289. — mædena sêlast 293. — gebletsodost ealra 295.

c. bei Für- und unbestimmten Zahlwörtern.

§ 11. Der partitive Genetiv findet sich
a) nach þæt = was und eal þæt = alles was: þæt unâlýfed is nû lêofes ou life 243. — eal þæt sêo heorte hearmes geþôhte 136. — (eal þæt) mannes hand mînes gefremede 138. — eal þæt hwæne sceamode scylda 140.
b) nach gehwâ, gehwile, hwâ: synfulra gehwâm 18. — ânragehwâm 278. — âura gehwylcum 96. — manna gehwylces 185. — ealra gôda gehwyle 272. — hwæt heardes 299.
c) nach eal: cal ... þinga 136/139. — calle brêost gehýda 172. — þêra ealle 273.
d) nach fela: fela mægða 158. — swâ fela synna 215.
e) nach wiht, ôwiht: nê wiht cealdes 263. — nânre mihte wiht 109. — ôwiht ... hêanra gylta 39.

2. Der Genetiv im adverbialen Verhältnisse.

§ 12. Der Genetiv ist das Objekt von Verben.
In den beiden Beispielen: brûcan bliðnesse 304. — ic gemunde êac mærðe 21 ist freilich der Kasus nicht zu erkennen; gemunan hat V. 24 den Akkusativ, aber aus V. 12 und 13 erhellt, dass es den Genetiv regieren kann. Denn ist es an dieser Stelle: synna gemunde lifes leahtra and þâ langan tîd ... mit Brandl gemunde wohl als Präteritum anzusehen, da das Adjektiv gemynde lautet. Lumby fasst gemunde als Adjektiv. Der Wechsel in der Rection des gemunde ist vielleicht aus den Akkusativen des Lateinischen zu erklären und besonders aus mortisque inamabile tempus (V. 7).

§ 13. Der Genetiv ist Prädikatsergänzung bei bêon.
wite, þe þâra earmra byð 93.

III. Der Dativ.

§ 14. Der Dativ der beteiligten Person.
Viele transitive Verba haben ausser dem Sachobjekte im Akkusativ noch ein Objekt der Person im Dativ bei sich, dieses sogenannte indirekte oder entferntere Objekt vervollständigt die Aussage.
Dieser Dativ ist zu finden

a) bei eröffnen, darthun, sagen: geopeniað mân ceum dribtne 37. — þæt hê wunda hêr wôpe gecýðe uplîcum lûce 46. — þæt þû ðê lûce ne cýþst 66. — ðonne callum bêoð calra gesweotolude (manifestare) dîgle geþancas 134. — þæt hê ænigum men ypte·oððe cýðde 141. — bið eallum.... âlýfed 142. — âreccan ænegum on eorðan... witu 186. — gif þû wille secgan sôð þâm... 300.

b) bei machen, schaffen: hû hê (lîg) synfullum sûsle gefremede 153. — ænigum þær âre gefremman 155.

c) bei geben, entbieten: hê drihtene.... his bêna hebêad 59. — þâm rîcan frêan riht âgyldan 74. — wîtu ðâ dêoflum gêo drihten getêode 182. — drihten him ealra gôda gehwylc glædlîce ðenað 271. — sigores brytta sylð ânragchwâm êce mêde 278.

d) hierher dürfte auch der Dativ bei wrecan zu rechnen sein, man vergleiche das deutsche „das will ich dir anstreichen". (nê god) hênða and gyltas ofer ænne sýþ wrecan wile ænigum men 89.

Anmerkung. Ein Dativ der beteiligten Person liegt auch vor in ûs þineð 148.

§ 15. Dativus commodi und incommodi.

Der dat. com. und incom. oder des Interesses bezeichnet die Person, zu deren Nutzen oder Nachteile etwas geschieht. Ausser bei transitiven ist dieser Dativ auch bei intransitiven Verben und bei wesan zu finden.

a) bei transitiven Verben

α) bei ondrǽdan: Ic ondrǽde mê êac dôm þone miclan 15. — and þæt êce ic êac yrre ondrǽde mê and synfulra gehwâm 17. 18. — þê sylfum ondrǽd swîðlîce witu 181.

β) bei „machen" und ähnlichen Verben: hû ne gesecôp þê sê scaþa scearplîce bysne? 53. — hier übersetzt Lumby: did not the thief warn thee sharply with example? Der lateinische Text lautet: nonne exempla tibi... dabat... latro? (V. 27).

γ) bei anderen Verben: hwî ne bidst þû þê beþunga and plaster? 80. — sêo frôwe, þe ûs frêan âcende 291·

b) bei intransitiven Verben: þær léohtes ne léoht lytel sperca carmum ǽnig 219.

c) bei wesan: ðis is än hǽl carmre sáuwle 43. — Lumby übersetzt of a poor soul — and þám sorgiendum sêlest bihta 44.

§ 16. Der Dativ ist einziges Objekt.

a) dêman: (gif þû) þê sylfum dêmst for synnum on corðan 87. — hû egeslîc ... cyninge hêr wile dêman ânra gehwylcum be férdǽdum 96.

Mit dem Akkusativ ist dêman verbunden in V. 71/72 ðonne dêmeð god eorðan ymbhwyrft.

Hiernach scheint es, als habe dêman das sachliche Objekt im Akkusativ, das persönliche aber im Dativ bei sich. Zu beachten ist auch, dass bei dêman mit dem Dativ noch eine adverbiale Bestimmung steht.

b) þêowian: wâ þê nû þû þêowast 177. — (sê þe mæg) his þêodne geþêon 251.

c) forwyrnan: nê him man nâne mæg miht forwyrnan 147. Lumby erklärt miht als Instrumental und übersetzt den Vers mit „nor himself by any means may man forewarn". Darnach nimmt L. nâne und den Instrument. miht zusammen, müsste also nâne in nânre ändern, in seiner Note sagt er nichts davon. Ferner fasst er das him reflexiv auf, bezogen auf das Subjekt des mæg (forewarn nach Webster = to warn beforehand, to give previous warning, to caution in advance). Grein scheidet zwischen wearnian, warnian sich wahren, sich versagen und weornan, wyrnan in fore-wyrnan; dieses bedeutet nach Grein 1. recusare, denegare, 2. effugere. Für die letztere Bedeutung wird angeführt Beow. 1143 hê ne forwyrnde woruldrǽdenne, Grein wie Heyne*) nehmen den Akkusativ woruldrǽdenne an. (Nader, Zur Syntax des Beowulf, Programm der Staats-Oberrealschule in Brünn 1880 § 26 sagt, Heyne setze den Dativ).

Ich glaube nun, dass an unserer Stelle einmal *nânre* zu schreiben und dann *forwyrnan = effugere* mit einem sächlichen Dativobjekte verbunden und dieser Dativ him auf fŷr zu beziehen ist.

---
*) In der 5. (von A. Socin besorgten) Auflage 1888 steht worodrǽdenne.

d) von derian = nocere kommt nur das attributiv gebrauchte Particip deriende V. 231 vor.

§ 17. Der Dativ bei Adjektiven.

stânc gelicast 173. — þonne biðᵭ callum open 142 sind die einzigen Beispiele.

IV. Der Instrumental.

§ 18. Während beim ags. Substantiv und beim Plural und beim Femininum des Singulars der Adjektive und Pronomina der Instrumental formell mit dem Dativ zusammenfällt, hat er sich im Singular des maskulinen und neutralen Adjektivs eine besondere Form bewahrt.

In BDD. findet sich nur einziger schon an der Form zu erkennender Instrumental V. 150 mid þŷ (ausserdem das adverbielle mid calle = zusammen 232). Das Adjektiv tritt da, wo man den Instrumental erwarten sollte, in Dativform auf, und ·zwar an den folgenden drei Stellen:

þûr bêoðᵭ þâ wânigendan welras gefylde lîgspiwelum bryne 208/9.*) — eal þæt ûs þinceðᵭ æmtig êah-gemearces under rôderes ryne rêadum lige biðᵭ emnes mid þŷ eal gefylled 148/50. — byðᵭ gefylled eal uplic lyft ættrenum lîge 145.

Wenn nun auch Dativ und Instrumental der Form nach zusammenfallen, muss man sie doch in der Syntax, wo es sich um die Bedeutung der Kasus handelt, auseinander halten.

§ 19. Der Instrumental des Mittels.

In BDD. erscheinen nur Dative von Sachnamen zum Ausdrucke des Mittels. Die Beispiele mit bryne und lige sind oben (§ 18) angeführt.

ic bidde êow bênum 33. — (þæt gê drêorige hlêor) sealtum dropum sôna ofer gêotaþ 36. — (þæt hit ne sŷ) openum wordum call âbæred 41. — þæt hê wunda hêr wôpe gecŷðᵭe 45. — (wôpe lässt sich auch modal als Bezeichnung des begleitenden Umstandes ansehen) sê âna mæg âglidene môd gôde gehǽlan 47. (Man vgl. § 24 Anm. 1.) — wætere gedwæscan 52. — his bêna bebêad brêostgehigdum 60. — þê ælmihtig êarum

---

*) Vgl. Brandl a. a. O.

âtihtum ... gehýreð 69. — gyldan scâd wordum 73. — leahtrum âfylled 77. — helme beweorðod 118. — nænig spræc mæg bêon spellum âreccan ... earmlice witu 186. — (wyrmas) heora bân guagað brynigum tuxlum 211. — blôstmum behangen 289.

§ 20. Der Instrumental der Art und Weise, der begleitenden Umstände.

hêah-þrymme cyninge hêr wile dêman 95. — eal engla werod êene behlænað ... mihte and þrymme 116. — ðæt rêðe flôd ræscet fýre 165. — blissiendum môdum 284. Adverbien sind geworden: miclum 103 und ungemetum 193. — æghwanum 120.

§ 21. Der Instrumental bezeichnet an Stelle eines Lokativs den Ort.

môde gedrêfed 25.*) — ðonne blindum besêah biterum ligum 241. — (hêo lêt) rîce rædwitan rôdera-weardes 298. (Objekt sind die Seligen.)

Anmerknng. Die Handschrift schreibt 298 weardas, so möchte auch Brandl lesen und es als Apposition zu dem Akkusativ des Plurals rîce rædwitan fassen, so dass es das lateinische inter aetherium senatum übersetzte, demnach müsste rîce rædwitan in Abhängigkeit von einem aus dem Vorhergehenden zu ergänzenden betwyx gedacht werden. Nun geht aber betwyx zweimal mit dem Dativ gebraucht dicht voran, denn frêolîcum werede 296 ist als Apposition zu den kollektiv gebrauchten Singularen fæder and sunu anzusehen, es übersetzt Ecclesiae sanctos. Ausserdem wird rôdera-weard doch wohl in der Regel nur von Gott gebraucht, wenigstens gilt es an allen von Grein aufgeführten Stellen: Gen. 1. 2119. 169. Sat. 612. Cri. 134. 222. Rät. 14[7] nur von Gott.

§ 22. Der Instrumental der Zeit findet sich nur einmal, in dem zur Partikel gewordenen

hwilum — hwilum 193—195.

§ 23. Der Instrumental drückt an Stelle eines Ablativs die Trennung aus bei dem Verbum âfeormian.

bûton hê horwum sý hêr âfeormad 156.

Anmerknng. Den Grad bezeichnet der ganz zum Adverb gewordene Instrumental wihte in Verbindung mit ne = durchaus nicht (221).

*) Man vgl. Hofer, der syntakt. Gebrauch des Dativs u. Instrumentals u. s. w. Anglia VII, 386: geþancmeta þine môde Gen. 1917. — him môde ôlecean Gen. 1957.

V. Der Akkusativ.

§ 24. Als Objektskasus schlechthin tritt der Akkusativ in den meisten Fällen von einem Verbum regiert auf. Folgende Verben kommen in BDD. mit einem Akkusativobjekte vor:

âcsigan 65.
â-bæran 41. — bêacnigan 112. — bêatan 30. 159. — be-bêodan 60. — beornan 166. — ge-beran 131. — biddan 26. 33. 80. — on-bindan 48. — ge-blysian 274. — brêgan 112. 213. — bringan 119. — brŷsan 49. — for-bûgan 249. — 154 ist aus dem folgenden ǽnigum ǽnigne zu ergänzen.
â-cennan 291. — ceorfan 168. — ge-cîgan 32. — ge-clypian 137. — be-cwylman 203. — cŷðan 66. 98. 141. ge-cŷðan 45.
tô-dǽlan 20. — dêman 71. — tô-dêman 20. — dôn 85. 175. — on-drǽdan 15. 17. 181. — dreccan 35. — gedrêfan 103. — drêogan 175. — ge-dwǽscan 52.
in-ge-faran 63. — feormian 78. — flecgan 110. — fôn 273. for-fôn 76. — underfôn 121. — forhtian 180. — frætwian 275. — fremman 223. — ge-fremman 138. 153. 155. — frînan 300.
gêotan 82. — ofer-gêotan 36. — â-giltan *) 47. — begitan 62. — gyldan 73. — â-gyldan 74.
habban 68. 163. 164. 251. — ge-hǽlan 47. — on-hebban 11. — helan 143. — be-hlǽnan 115. — ge-hrînan 276.**) — for-hyccan 90. — hyldan 274. — ge-hŷran 70.
lǽdan 290. — lecgan 31. — lufian 275.
ge-munan 12. 21. 24 (vgl. § 12). — ge-mynian 92. nabban 109. — g-nagan 211. — ge-nipan 253.
ge-openian 37. —; — â-reccan 186.
sceamian 140. — ge-sceppan 53 (vgl. § 95. 1. *α*) *β*)). — be-sêon 241. — slêan 29. — slitan 168. 210. — ge-swæccan 206. — ofer-swîðan 184. — syllan 278.
ge-têon 182. — ym-trymman 127. — on-tŷnan 27.

---

*) MS hat â-glidene von *âglîdan; es ist wohl mit Brandl âglidene môd gôde gehǽlan, gyltas ist dann als in den Text geratene Glosse anzusehen. (Vgl. Brandl a. a. O.)
**) Es ist besser mit Brandl gerîmeð zu lesen.

wendan 244. — woorðian 273. — ge-wêpan 176. — wrecan 89. — wuldrian 274. — ge-wyrcan 215. yppan 141.
ðenian 272. —ge-þencan 136. — þrowian 86.

§ 25. Der doppelte Akkusativ.

Als Prädikatsergänzung kommt der Akkusativ nur einmal vor: his sunu bliðe.... sylð ânragehwâm *êce mêde* (als ewigen Lohn) heofonlîce hyrsta 278, wenn man nicht vorzieht mêde als Objekt und hyrsta als Apposition dazu anzusehen.

Weder Adjektiv noch Particip erscheinen als Akkusative des Prädikats.

Das Substantiv findet sich auch mit tô verbunden in prädikativer Stellung: (eal þæt) sêo tunge tô têonan geclypede 137.
— wîtu ðâ dêoflum gêo drihten getêode... wêana tô lêane 183. — (þe) môdar gebær tô manlîcan 131.

Zweites Kapitel. Das Adjektiv.

§ 26. Das substantivierte Adjektiv.
1. Das substantivierte Adjektiv bezeichnet Personen
a) im Positiv: ic synful 29. — ælmihtig 69. — se welega 163. — earm 163. — carm and êadig 162. — mêowle sêo clŵne 292. — — êcne 115. 127. — — earmsceapenra 23. — synfulra gehwâm 18. — on upcundra .. setlum 303. — syn scyldigra 168. — þâra earmra 93. — þâra hâligra 22. 281. — — synfullum 153. — carmum 219. — ðâ earman 112. 203.
b) im Komparativ: þŵra hwîttra mæden-hêap 288.
c) im Superlativ: mædena sêlast 293. — wihta gesŵligost 247. — gebletsodost calra 295. (Man vgl. § 1. § 33, 1.)
2. Substantivierte Adjektiva können als Konkrete und abstrakte Sachnamen verwendet werden, als solche haben sie in BDD. nic den sogen. best. Artikel.
a) im Positiv: hwæt .. heardes 299. — sêcgan sôð 300. — lêofes on lîfe (243), so die Hs., Lumby hat lêofest.*)
b) im Komparativ: mid swîðran his 49.

*) Vgl. Brandl a. a. O.

c) im Superlativ: sélest hihta 44. — hihta mǽst 252. — beortost wereda 289.

Über das Adjektiv als Prädikatsnomen vgl. man § 5, 2., als Attribut und Apposition §§ 94—98, über seine Rektion §§ 9. 10. 17. 56.

Das Zahlwort.

§ 27. Von allen Zahlwörtern begegnet in BDD. nur ân, und dies nur zweimal in der Bedeutung: „ein, ein einziger":
ofer ænne sýþ 89. — þǽr hæfð âne lage earm and se welega 163.
und einmal in der Bedeutung: „der, die, das einzige":
ðis is ân hǽl 43.
Sonst kommt ân noch vor in der Bedeutung „allein":
ic âna sæt 1. (§ 5, 2. b) α) Anm.) — sê âna mæg 46. — þû âna scealt gyldan scâd 72.
„der einzelne": ânra gehwylcum 96. — ânragehwâm 278.

Das erste Beispiel (89) bringt zugleich das einzige vorkommende mit sýþ gebildete Zahladverbium; æne in V. 128 æne bið geban micel wäre der Vollständigkeit halber auch noch zu erwähnen.

Anmerkung. Als unbestimmter Artikel findet sich ân in BDD. nicht, ebensowenig, wie hier gleich bemerkt sei, sum.

Drittes Kapitel. Das Pronomen.

I. Das persönliche Pronomen.

§ 28. Das Personalpronomen als Subjekt beim Verbum ohne Substantiv wird nicht ausgelassen. Eine Ausnahme macht der Imperativ, bei welchem das Subjekt nicht ausgedrückt wird:
and þê sylfum ondrǽd swîðlîce wîtu 181. — ac drêorige hlêor dreccað mid wôpe and sealtum dropum sôna ofer gêotaþ and geopeniað mîn êcum drihtne 37.

§ 29. Das Personalpronomen dient einmal auch zum Hinweis auf das Relativpronomen:
þæt hit ne sŷ dægeûð þæt þæt dîble wæs 40.

Anmerkung. Wie das Pronomen alle Funktionen des Substantivs im Satze übernehmen kann, so duldet es auch eine Apposition neben sich: heora heortan horxlîce wyrmas syn scyldigra ceorfað and slîtað 168.

II. Das Reflexivpronomen.

§ 30. Als Ersatz für das fehlende Reflexivum dienen
a) die persönlichen Fürwörter allein:
1. Person: ic ondræde mê êac dôm þone miclan 15. —
and þæt êee ic êac yrre ondræde mê 17.
2. Person: hwî ne bidst þû þê beþunga and plaster 80.
wâ þê nû þû þêowast 177. — and þê .... âstyrest
179. — þæt þû ðê lǽce ne cýþst 66.
b) die persönlichen Fürwörter mit self verbunden:
þê sylfum dêmst 87. — þê sylfum ondrǽd swiðlîce
wîtu 181. — for hwî fyrgende (luxurians) flǽse on þâs
frêenan tîd hym selfum swâ fela synna geworhte 215.

III. Das Possessivpronomen.

§ 31. Von den adjektivischen Possessiven kommt nur mîn
und zwar stets mit einem Substantiv verbunden vor, je einmal
als nom. sing. ntr.: mîn earme môd 9. — dat. plur. fem.: for
mândǽdum mînum 16. — acc. plur. ntr.: brêost mîne 30. —
acc. sing. masc.: mînne lîchaman 31. — Die Stellung des mîn
ist ebenso frei, wie die anderer Adjektive.

Von den für die dritte Person als Vorgänger des noch
nicht zu einem Adjektiv entwickelten Possessivs gebrauchten
Genetiven begegnen hier nur his und heora. Die Stellung
dieser Genetive ist so frei, wie die anderer Genetive, jedoch
überwiegt die Voranstellung; von den elf in dem Gedichte vorkommenden ist nur einer seinem Substantiv nachgestellt: mid
swiðran his 49. Die übrigen Beispiele enthält der § 6.

Das Possessiv kann als selbstverständlich fehlen, z. B.
geopeniað mân êcum drihtne 37. — þæt hê wunda hêr wôpe
geeýðe 45. — þê sylfum dêmst for synnum 87.

IV. Das Demonstrativpronomen.

§ 32. sê, sêo, þæt.
Die Demonstrativa werden entweder alleinstehend als Sub-
stantiva, oder adjektivisch verwendet. Das Demonstrativum
sê, sêo, þæt dient ausserdem noch zum Hinweis auf das Relativpronomen.

sê, sêo, þæt wird gebraucht
a) substantivisch.

a) Es weist auf naheliegende, ebengenannte Personen und Gegenstände hin: þæt hê wunda hêr wôpe gecýðe *uplicum læce. sê âna mæg* .... gehælan 46. — eal þæt ûs þineð æmtig êah-gemearces under rôderes ryne rêadum *lige* bið emnes mid *þŷ* eal gefylled 150. — .... *wîtu* .... þâ oferswiðað sefan and sprǽce 184. — ufenan eal þis êce drihten *him* ealra gôda gehwylc glædlîce ðenað; *þǽra* andweard ealle weorðaþ 273.

β) Es deutet auf dás Relativpronomen hin: þâ þe wǽron 132. — gif þû wile seegan sôð þǽm (fehlt das Relativum) ðê frîneð 300. — sê bið gesǽlig .... sê þe mid gesyntum swylce ewyldas and witum mæg wel forbûgon 246.

b) adjektivisch.

a) sê deutet auf einen entfernteren Gegenstand oder auf eine Person hin: on þǽre dægtîde 135 (Lumby übersetzt the). — ðæt rêðe flôd ræscet fýre (jene früher genannte) 165. — on þâ tîd 176. — for þæs ofnes bryne 194. (Lumby: the, der (Höllen-)Ofen ist nicht genannt, aber es wird auf V. 188 Bezug genommen.) — þâra wera worn 221 (die Anzahl der Menschen, die ausserdem noch leiden in der Verdammnis, sie sind oben earman genannt; Lumby: the). þâ biteran þing 223 (Lumby: the). — þâ seênan scînendan rîcu þæs breman fæder 294/5. — gemang þâm werode 301. — þǽre nihte genipu 110.

β) es weist auf ein Relativpronomen hin: sê scaþa ... þe 53. — þæt wîte þe 92. — (ansŷn) þâra ewelra (Relativ fehlt) beewylmað ðâ earman 203. — sêo frôwe þe 291.

oder auf einen Adjektivsatz der Zeitangabe: sê dæg cymeð ðonne .... 71. (Über þæt als grammat. Subjekt vgl. man § 88. Anm. 2.)

Anmerkung. Eine Schwierigkeit bietet V. 238. Es heisst 235—238 von dem Orte der Verdammnis, dass wrǽnnes êac gewîteð heonone, and fæsthafolnes feor gewîteð, uneyst on-weg & ælc gǽlsa, seyldig seyndan on seeade *þone*. Lumby übersetzt die letzte Zeile mit „guilty to hasten into the shade", aber jedenfalls nicht mit Recht. Wenn man seeade als Maskulinum — sonst ohne Beleg — gelten lassen, und wenn man die

auffällige Nachstellung des þone hinnehmen wollte, — ich habe nur eine Belegstelle für diese Stellung Beow. [Heyne 5. Aufl.) 2008 uhthlem þone — so kann doch hier on nicht mit dem Akkusativ verbunden sein, denn jene bösen irdischen Neigungen sollen nicht hinein in jenes Dunkel fliehen, sondern sie werden in d. i. soviel wie aus jener dunkeln Höhle, in der die Seelen umherirren V. 230., verschwinden.
Demnach wird wohl þone falsch sein. Entweder steht es für þon in der Bedeutung „von dannen" (ahd. dana), aber für diese Verwendung von þon habe ich gleichfalls nur eine Belegstelle: Beow. 2424 (Heyne 5. Aufl.) nô þon lange wæs feorh æðelinges flǽsce bewunden —, oder es steht für þon in der Bedeutung tum, gleich dem goth. þan (man vgl. Grein), oder schliesslich es ist für þonne verschrieben.

§ 33. Der bestimmte Artikel.

Das in seiner hinweisenden Kraft abgeschwächte Demonstrativpronomen kann auch als bestimmter Artikel auftreten. Ausgedehnt ist diese Verwendung des Demonstrativs in BDD., wie in der ags. Dichtung überhaupt, nicht. Keineswegs ist der bestimmte Artikel notwendiger Bestandteil des Satzes, vielmehr sind die Fälle ohne den Artikel weit zahlreicher als die entsprechenden mit dem bestimmten Artikel. Immer weist der bestimmte Artikel auf bekannte, früher schon genannte oder der Anschauung vorschwebende Gegenstände hin; er ist somit ein Moment zur Belebung und Veranschaulichung des Ausdruckes.

1. Verhältnismässig oft steht das Demonstrativum als Artikel bei substantivisch gebrauchten Adjektiven, die Personen bezeichnen: þâra hâligra 22. — þâm sorgiendum 44. — þâra earmra 93. — þâ earman 112. — se welega 163. — ðâ earman 203. — þâra hâligra 281. — þâra hwîttra mæden-heáp 288. — meowle seó clæne 292. —

Daneben ohne Artikel:
earmsceapenra 23. — synfulra gehwâm 18. — eorðbûendra 129. — synfullum 153. — syn scyldigra 168. — on upcundra .. setlum 303. — cêne (Gott) 115. 127. — ælmihtig 69. — mædena sélast 293. — gebletsodost calra 295. — earm and éadig 162. — earm 163. —

Anmerkung. Einmal findet sich ein appositiv gestelltes, nicht auf eine Person bezogenes Adjektiv mit dem best. Artikel: dôm þone miclan 15.*)

---

*) Man vgl. Transactions of the Philological Society 1877—79 pag. 4.

2. Der bestimmte Artikel bei konkreten Gattungsnamen. Der Artikel bezeichnet bestimmte Personen und Gegenstände. Attributive Bestimmungen begünstigen diese schwächer betonte Verwendung des Demonstrativs. Sachnamen erscheinen öfter mit dem Artikel als Personennamen. Personennamen ohne Attribut haben den best. Artikel nirgends.

a) Alleinstehende Sachnamen mit dem best. Artikel:
þâ wæterburnan 3. — þâ wudu-bêamas 7. — þâ dûna 99. — sêo heorte 136. — sêo tunge 137. — þâ gyltas 244. —

b) Gattungsnamen, die durch ein Adjektiv näher bestimmt sind, mit dem Artikel:
α) Personennamen:
þâm rîcan fréan 74. — þæs breman fæder 295. — ðone mæran metod 116. —

β) Sachnamen; hier schliesst sich bisweilen als weitere Bestimmung ein attributiver Genetiv an.
þone wlacan smocan wâces flæsces (lini, Dochtes) 51*) — þâ ænlîcan geatu neorxnawonges 63. — se egeslîca swêg ungerŷdre sæ̂ 102**). — se wrecenda brynæ 154**). — ðâ earman sâula 166. — þâ wânigendan welras 208**) — ðâ atelan êcan .. wîtu 217. — þæt wêrige môd 244. — þæt earme brêost 212. — (Lumby übersetzt 212, 244 that).

c) Gattungsnamen, die durch einen attributiven Genetiv bestimmt sind, mit dem Artikel:
α) Personennamen: se godes sunu 86. — þâ ærendracan .. ælmihtiges godes 285. —
β) Sachnamen: se þrosma lîg and se þrece gicela 191. — þâ têþ .. manna 195. —

3. Der Gebrauch des bestimmten Artikels bei gewissen nur einmal vorkommenden Personen oder Sachen.
a) God erscheint nie mit dem bestimmten Artikel, sowohl wenn es allein steht, als wenn es durch attributive Zusätze näher bestimmt ist: ðonne dêmeð god 71. — æn-

---
*) Man vgl. Transactions of the Philological Society 1877—79 pag. 4.
**) Man vgl. Brandl a. a. O.

lieu godes drût*) 290. — scyppend god 73. — êce gôd 268. — þâ ǽrendracan .. ælmihtiges godes 285. Ebenso crist: mid criste 54. — cristes cyme 98. — waldend crist 52.

Auch die anderen Benennungen der Gottheit erscheinen meist ohne Artikel: drihten 21. 59. 85. 123. 182. 37. 271. — frêan 291. — lifes frêan 81. — fæder 274. — wealdend engla 50. — heofonrîces weard 70. — dêman 170. 76. — nerigende 64. — swegles brytta 117. — rôdera-weardes 298.

Selbst substantivierte Adjektiva zur Bezeichnung Gottes haben den Artikel nicht, wie ælmihtig 69. — êcne 115. 127.

Aus 2. b) und c) α) sind die Stellen zu ersehen, an denen eine Benennung der Gottheit mit dem bestimmten Artikel vorkommt.

b) Heofon und seine Synonyma treten stets ohne Artikel auf: heofenes god 88. — of heofone 111. — heofonrîce 252. 70. — on heofonan rîce 22. — swegles brytta 117. — rôdera-weardes 298. — (of swegles hlêo 126. — under rôderes ryne 149.)

c) desgleichen Hölle und Paradies: on helle 169. — þâ ǽnlîcan geatu neorxnawonges 64.

d) Himmelskörper finden sich zweimal mit dem Artikel: sêo sunne forswyrcð 108. — se môna 109.

corðe hingegen findet sich nicht mit dem Artikel: corðan ymbhwyrft 72. — ǽnegum on corðan 187. — Sonst kommt corðe nur nach on vor, im Gegensatze zum Jenseits 14. 16. 139. 187. — (Man beachte on corðan 31 = zu Boden; on foldan 130. — on moldan 292).

e) von Jahreszeiten ist nur winter 263 und zwar ohne Artikel anzutreffen.

4. Bei Kollektiven steht der Artikel seltener wie bei Gattungsnamen.

a) nur einmal findet sich der bestimmte Artikel bei einem alleinstehenden Kollektivum: innon þâm gemonge 6. —

---

*) Über drût vgl. Brandl, Anglia IV p. 102.

Dabei schwebt aber der Anschauung ein aus dem vorausgehenden wynwyrta zu ergänzender Genetiv vor. Ohne Artikel: fela mægða, folca unrîm 158.

b) auch bei dem durch attributive Zusätze erweiterten Kollektivum kommt der Artikel nur einmal vor: gemang þâm ŵnlîcan engla werode 280. Ohne Artikel: upplîce êored-hêapas 113. — frêolîcum werede 296. — gemang .. þŵra hâligra hêapum and prêatum 281. —

5. Abstrakta treten viel häufiger ohne, als mit dem Artikel auf.
a) bei alleinstehenden Abstrakten ist der Artikel nur zweimal belegt: se brôga 122. — þæs gŵlsan*) 179. Ohne Artikel: forgifnesse 68. 91. — ege 164 u. s. w.
b) bei den mit attributiven Bestimmungen versehenen Abstrakten erscheint der Artikel häufiger: þâ langan tîd 13. — þæs dimman cyme dêaðes 14. — þæt yrre forfôh êces dêman 76. — se bitera wôp 172. — se earma .. uncræftiga slŵp 239. — betwyx þŵre êcan uplîcum sibbe 297. — se lâðlîca cŷle 259.

6. Stoffnamen werden niemals mit dem Artikel verbunden, z. B. fŷr 146. 165. — cal uplîc lyft 145. — weallendes pices 199.

7. Der Gebrauch des Artikels bei Substantiven in Verbindung mit einem abhängigen Genetive ist sehr frei: bald gehört der Artikel zum regierenden Worte, bald zu dem Genetive; seine Stellung wechselt gleichfalls, z. B. se prosma lîg and se þrece gicela 191. — se godes sunu 86. — þâ têþ .. manna 195. — þæs heofenlîcan lêohtes scîman 254. — gemang .. þŵra hâligra hêapum 281. — gemang þâm ŵnlîcan engla werode 280.

§ 34. þes, þêos, þis.

þes hat stärkere Hinweisekraft als sê, es kommt in substantivischer Verwendung nur im Neutrum des Singulars vor: 24. 43. 144. 212., die anderen vier Male ist es adjektivisch. Es deutet auf

a) Vorliegendes: þonne ˙deriende gedwînað heonone þysse

---
*) Man vgl. Brandl a. a. O.

worulde gefêan 232. — on þâs frêcnan tid 214. (Lumby in the perilous tide.)

b) Folgendes: þâs (die folgenden) unbýrlican fers 11. — ðis is ân hǽl þæt ... hê wunda ... gecýðe 43.

c) Genanntes: ic gemunde þis mid mê 24. — ufenan eall þis 144. 212. — þis atule gewrixl 196.

V. Das Relativpronomen.

§ 35. Da das Angelsächsische kein besonderes Relativum besitzt, wird dieses auf verschiedene Weise ersetzt.

Das Demonstrativpronomen sê, sêo, þæt dient allein als Relativpronomen.

1. Substantivisch d. h. ohne Beziehungswort, den demonstrativen Begriff gleich mit einschliessend, wird es gebraucht in: þonne bið eallum open æt somne gelîce âlýfed þæt man lange hæl 143. — ðonne blindum besêah biterum ligum carme on eude þæt unâlýfed is nû lêofes 242.

2. Adjektivisch in Beziehung auf
    a) Substantive: wîtu ðâ dêoflum gêo drihten getêode 182. ne bið þær fultum nân þæt wiþ þâ biteran þing gebeorh mǽge fremman 223.
    b) das unbestimmte Zahlwort eal: eal þæt 136. 140. 148.
    c) hit und zwar verdoppelt þæt þæt: þæt hit ne sý dægcûð þæt þæt dîhle wæs 40.

§ 36. Die Relativpartikel þe.

Das unveränderliche þe wird als Relativ gebraucht

1. alleinstehend in Beziehung auf
    a) Personen:
        α) hinter seinem Beziehungsworte: sê scaþa .. þe mid criste wæs ewylmed 54. — sêo frôwe þe ûs frêan âceude 291. — þâ þe wǽron 132.
        β) als Substantiv seinem Beziehungsworte vorangestellt: þe calle lǽt ... þæt is Maria 290.
    b) Sachen: þæt wite þe þâra earmra byð 93. — on grunde þe wæs ... on helle 189.
    c) ein Kollektivum: eal adames cnôsl eorðbûendra þe on foldan wearð fêded ǽfre 130*). (Vgl. § 5. 3. a) α)).

---
*) Vgl. Brandl a. a. O.

2. in Verbindung mit dem Demonstrativum sê, séo, þæt: (sê
bið gesælig) sê þe mid gesyntum swylce ewyldas .. mæg
wel forbûgon 248.

Über die relativen Adverbien þær und þonne, die Auslassung des Relativs vgl. man § 112.

§ 37. Swylc findet sich nur einmal als Relativum; es dient dazu die Art oder Beschaffenheit eines Gegenstandes zu bezeichnen. Der mit swylc beginnende Satz entspricht einem deutschen durch wie mit einem persönlichen Fürworte eingeleiteten Adjektivsatze. Swylc enthält in sich zugleich den Demonstrativbegriff: þâ ic ... þâs unhŷrlîcan fers onhefde mid sange call swylce þû cwæde 12 (ganze solche, wie du sie). Dieser Gebrauch des swylc ist auch anderwärts, aber wie es scheint nicht sehr häufig, anzutreffen; z. B. Jud. 65. hæfde þâ his ende gebidenne on eorðan unswæslîcne, swylcne he ær æfter worhte. — Metr. 26[87] enihtas wurdon calde ge giunge ealle forhwerfde tô summum diore, sweleum he æror ôn his lîfdagum gelicost wæs. — Scef. 83. næron nû cyningas ne câseras ne goldgiefan, swylce iu wæron. ferner El. 32. — Dan. 65. — Beow. (Heyne 5. Afl.) 2460. 2870. Auch in Beziehung auf eall wird swylc so gebraucht: Beow. (Heyne 5. Afl.) 1798. sê for andrysnum calle beweotede þegnes þearfe, swylce þŷ dôgore heaðo-liðende habban scoldon, ebenso 72. 1157.

VI. Das Interrogativpronomen.

§ 38. In BDD. kommt von dem Pronomen hwâ nur das Neutrum hwæt vor; der alte Instrumental hwî oder hû ist zum Adverbium geworden.

1. hwæt ist einmal Subjekt und mit einem partitiven Genetive verbunden: hwæt mæg béon heardes hêr on lîfe 299, einmal Objekt: hwæt dêst þû lâ flæsc? hwæt drêogest þû nû? 175.
Fragepartikel: hwæt ligst þû on horwe? 77. — hwæt miht þû on þâ tîd þearfe gewêpan? 176.
Über hwî und hû vgl. man § 79.

2. hwylc begegnet einmal in adjektivischer Verwendung: oþþe hwylce forebêacn fêran onginnað 97.

VII. Die indefiniten Pronomina.

§ 39. Die indefiniten Pronomina sind entweder quantitative oder qualitative; soweit sie die Quantität bezeichnen, sind sie zugleich unbestimmte Zahlwörter, welche die unbetonte Einheit oder die unbestimmte Vielheit angeben, die negativen verneinen die Quantität oder das Vorhandensein.

§ 40. Die quantitativen Indefinita.
1. ân = ein: ânra gehwylcum 96. — ânragehwâm 278.
2. ǽnig = irgend ein tritt nur in negativen Sätzen, oder wenigstens dem Gedanken nach verneinenden auf. Es wird teils adjektivisch, teils substantivisch gebraucht.
   a) adjektivisch: ne bið þǽr ansŷn gesewen ǽnigre wihte 202. — so noch 89. 219. 224. 256.
   call þæt hwæne sceamode scylda on worulde, þæt hê ǽnigum men ypte oððe cŷðde 141 (alles, dessen einer sich schämte, es irgend einem Menschen zu offenbaren — ǽnig und man in ein Wort verschmolzen in: ne mæg þǽr ǽniman ... gedyrstig wesan 169.
   b) substantivisch: nê se wreeenda brynæ*) wile forbûgan oððe ǽnigum þǽr âre gefremman 155. — 187 (§ 41, 2).
3. ælc = jeder: ælc gǽlsa 237.
4. gehwâ = jeder: synfulra gehwâm 18. — ânragehwâm 278.
5. gehwylc = jeder: that gehwile underfô 121. — ânra gehwylcum 96. — manna gehwylces 185. — calra gôda gehwyle 272.
6. hwâ = irgend wer: eal þæt hwæne sceamode 140.
7. cal.
   a) In der Bedeutung „ganz" bezeichnet cal den Gegenstand in seiner Vollständigkeit und ist reines Adjektiv: call manna cynn 19. — call corðe bifað 99. — 115. 115. 174. 250.
   b) In der Bedeutung „all" bezeichnet es die Gesamtheit von Personen oder Gegenständen in der Mehrzahl, doch wird es auch singularisch als Neutrum von der Gesamtheit gebraucht („alles"). In der ersteren Verwendung ist es teils adjektivisch, teils substantivisch.

―――
*) Vgl. Brandl a. a. O.

a) cal = alles: cal þæt 136. — 140. 144. 146. 148. 212. 271.

β) eal in der Mehrzahl = alle.

αα) substantivisch: ðonne eallum béoð ealra gesweotolude dîgle geþancas 134. — 26. 32. 142. 162. 164. 171. 273. 290. 295.

ββ) adjektivisch: drihten him ealra gôda gehwyle glædlîce ðenað 271.

Anmerkung. Eal ist Adverb in den V. V. 4. 9. 12. 58. 193. mid calle 232. Doch ist die Entscheidung, ob Fürwort, ob Adverb nicht immer sicher z. B. 41. nê þêr ôwiht inne ne belîfe ... hêanra gylta, þæt hit ne sŷ dægenð, þæt þæt dîhle wæs openum wordum eall âbæred. — ähnlich 104.

8. fela = viel: fela mægða 158. — fela synna 215.

9. lyt = wenig wird einmal und zwar nicht mit einem partitiven Genetive, sondern wie das deutsche undeklinierte wenig mit dem folgenden Substantiv als Apposition gebraucht. (Lumby erklärt es als „compound"): hê mid lyt wordum .. his hæle begeat 61.

10. wiht, ôwiht, âht = etwas: nê þær ôwiht inne ne belîfe 38. — nê se môna næfð nânre mihte wiht 109. — nê wiht cealdes 263. — ne bið þær inne âht gemêted 204. Adverbien sind wiht 34. 221. — âwiht 133.

§ 41. Die negativen Indefinita.

1. nân = kein: ne byð þær nân foresteal 146. — 109. 147. — nân stefne 200. — fultum nân 222. — nânes lîges gebrasl 259.

2. nænig = kein: nê nænigu gnornung 266. — nænig spræc mæg bêon spellum âreccan ænegum on eorðan earmlîce wîtu 186.

3. nâ-wiht, nâht = nichts: wôp and wânung nâ-wiht elles 201. — (hŷ) ne mâgon nâht geswæccan 206.

§ 42. Die qualitativen Indefinita.

1. self = selbst: æt sylfum gode 18. — æt drihtne sylfum 121. — (S. § 30.)

2. swylc = solch: swylce cwyldas 248.

Viertes Kapitel. Das Verbum.
I. Die Einteilung der Verba.
§ 43. Begriffsverba.
1. Die transitiven Verba.
Eine Liste der in BDD. vorkommenden transitiven Verba steht in § 24.
Die reflexiv gebrauchten Verba sind aufgeführt in § 30.
2. Die intransitiven Verba.
Die in BDD. vorkommenden Intransitiva sind:
bifian 99. — bláwan 151. — blissian 284. — blôwan 5. — braslian = brastlian (to crackle) 151. — byrnan 230. cuman 71. 111. 113. 120. 157. 255. — becuman 126. drêosan 100. — ge-dwînan (to dwindle, to vanish Bosw.) 231. 233. êfestan (eilen) 152. — eardian 302, s. unten die Anmerk. faran 146. — fêran (to walk) 97. — fyrgan (fyrgende = luxurians) 214. — flêon 222. 239. â-glîdan 47 (vgl. § 24. Anm. 1). — grêotan 82. — gryιтan (klappen v. den Zähnen) 195. hrêosan 100. 107. — hlêapan 234. — hweorfan 288. latian (cunctari) 66. — leofan 178. — lêohtan 218. — licgan 77. — be-lîfan (bleiben) 38. — ge-limpan 256. meornan 24. — murcnigan (to murmur, to repine) 25. — myltan 101. ræscettan (to crack, to crush, to rush) 152. 165. — rîcxian für rîesian oder rîxian 267. scînan 287. 294. — scyndan (eilen) 238. — sittan 1. 117. — slincan 240. — standan 124. 173. — for-standan (vor etwas stehen, schützend eintreten für) 55. — â-stifian (steif werden) 173. — styllan 114. — styrian (s. bewegen) 200. — swêgan 3. 7. — for-sweorcan 108. 198. — ge-sweorcan 105. — swîgan 67. wagian (s. bewegen) 7. — wandian (ablassen) 34. — weallan 199. — weaxan 5. — wendan (gehen) 197. — wêpan 84. 193. — ge-wêpan 176. — ge-wuxsan für ge-weaxan 105.
yrnan 3. 171. 230.

3. Von unpersönlichen Verben begegnen nur þincan und sceamian, von denen das letztere auch persönlich gebraucht werden kann. eal þæt ûs þincð æmtig êah-gemearces 148. cal þæt hwæne sceamode 140.

Anmerkung. Grosse Schwierigkeiten bietet die Erklärung des *eardian unbleoh* an folgender Stelle: wið þâm (in Anbetracht dass; vgl. § 115.) þû môte gemang þâm werode eardian unbleoh on êcnesse. 301—302. Lumby übersetzt *eardian unbleoh* mit „*live unchanging*" und giebt dazu folgende Erklärung: "unbleoh, a word not found elsewhere, seems to be intended as the equivalent of the incolumem of the Latin. The sense may perhaps be arrived at in this way: bleoh may, as the name of the colour blue, have been applied, as the English word is now, to that which is livid from approaching decay; and thus unbleoh would bear the sense of uncorrupted. But with a word which only occurs here much must be uncertain."

Dazu sagt A. Brandl, Anglia IV, 104: „eardian unbleoh = gaudere; bleoh hat mit dem ne. blue = corrupted nichts zu thun. Es wird erklärt durch eine Stelle in Ps. 138⁹, wo es von der ursprünglichen Bedeutung color bereits zu der von deliciae gekommen ist. Das Präfix un potenziert dann diesen Begriff in bekannter Weise."

Demnach scheint Brandl *unbleoh* als modale Bestimmung aufzufassen. In der Psalmstelle, die Grein anführt, ist nun aber blêo im Plural gebraucht (an einer anderen gleichfalls, in der Bedeutung deliciae, jedoch ändert daselbst Grein.).

Die Annahme, dass *un-* den Begriff bleoh steigere, scheint mir auch bedenklich. Grein hat an Beispielen, in denen un- verstärkend ist, nur unrîm. Die beschränkende oder geradezu verneinende Bedeutung des un- gestattet wohl kaum, dass ein abstrakter Begriff wie bleoh (deliciae) durch un- potenziert werde; vielmehr kann un- nur quantitative Begriffe in dieser Weise steigern, wie im Deutschen Unzahl, Unmenge, Unsumme. Dabei behält un- im Grunde doch seine negative Kraft: unrîm ist ein rîm, das wegen seiner Grösse schon kein rîm mehr genannt, nicht mehr gezählt werden kann.

Damit ist nun freilich *unbleoh* nicht erklärt. Es mag ein Schreibfehler vorliegen. Wenn jener Einwurf, dass bleoh = deliciae nur als Plural belegt ist, nicht bestehen bliebe, könnte man vielleicht an *on bleoh* statt unbleoh denken.

§ 44. Die Hilfsverba.

Die sogenannten Hilfsverba, die an und für sich entweder Transitiva oder Intransitiva sind, können nur rücksichtlich ihres gewöhnlichen Gebrauchs als eine besondere Art angesehen werden.

Hilfsverba im engeren Sinne sind „bêon, wesan, weorðan, habban"; sie dienen dazu, in Verbindung mit dem Particip der

Vergangenheit die fehlenden Tempora und das Passivum zu umschreiben. Jedoch haben sie sich zum Teil noch konkrete Bedeutung bewahrt. Gewisse Unterschiede der Redeweise, für welche die Modi nicht ausreichen oder nicht scharf genug erscheinen, werden mit den modalen Hilfsverben zum Ausdrucke gebracht. Von den im Angelsächsischen vorhandenen modalen Hilfsverben erscheinen in BDD. „magan, willan, sculan, môtan".

1. wesan, bêon.
    a) als blosses Formwort zur Verknüpfung des Prädikatsnomens mit dem Subjekte, zur Bildung von Tempus und Passivum. Die Beispiele stehen in den §§ 46 bis 49. 51.
    b) in der Bedeutung „gehören, zuteilwerden": þæt wite þe þâra earmra byð 93. — (§ 13.)
    c) „vorhanden sein, existere": þâ þe wǽron oððe woldon bêon 132. — on grunde þe wæs in grimmum sûsle on helle 189. — 217. 285. 299. 222. 83. 128. 146. 186. 225. 227. 258. 260. 265.
2. weorðan kommt nur als Kopula vor, man vgl. die §§ 5. 45. 47. 51.
3. habban wird in BDD. gar nicht zur Tempusbildung verwendet; als konkretes Verbum erscheint es öfters 68. 109. 163. 164. 251.
4. magan wird gebraucht zur Bezeichnung
    a) der physischen Möglichkeit: sê âna mæg . . . rǽplingas . . . onbindan 46. — nê se môna næfð nânre mihte wiht, þæt hê þǽre nihte genipu mǽge flêogan 110.
    b) der logischen und moralischen Möglichkeit: nê him man nâne mæg miht forwyrnan 147. — ne mæg þǽr ǽniman . . . gedyrstig wesan 169. — nǽnig sprǽc mæg bêon spellum ârcccan 186. — hwæt mæg bêon heardes 299. — hý mid nosan ne mâgon nâht geswæccan 206. sê þe . . . swylce ewyldas . . mæg wel forbûgon 249.

In allen diesen Fällen ist magan nicht modales Hilfsverb, es nähert sich aber dieser Verwendung in V. 223 þæt wið þâ biteran þing gebeorh mǽge fremman, wo nach 153 hû hê synfullum sûsle gefremede der einfache Konjunktiv des Präteritums genügen würde.

In V. 176 hwæt miht þû on þâ tîd þearfe gewêpan bezeichnet miht die in Zukunft möglicherweise eintretende Handlung, es entspricht demnach einem deutschen „magst" der Vermutung.

5. môtan drückt die von fremdem Willen abhängige Möglichkeit aus = dürfen: (sê bið gesǽlig, sê þe) môt habban heofonrîce 251. — wið þâm þû môte genmang þâm werode cardian unbleoh 301. (vgl. § 115.)

6. sculan bezeichnet das direkte Gebot: þû âna scealt gyldan scâd wordum 72. — nû þû scealt grêotan 82. — ne scealt þû forhyccan bêaf and wôpas 90. Lumby übersetzt die letzten beiden Male shouldst, meines Erachtens ohne zwingenden Grund.

7. willan. Am deutlichsten tritt die Bedeutung des Wollens hervor in V. 300 hwæt mæg bêon heardes hêr on life, gif þû wile secgan sôð þǽm ‖ ðê frîneð; weniger scharf schon in V. 49 nê mid swiðran his swýþe nele brýsan wanhydig gemôd wealdend engla. — in V. 52 nê þone wlacan smocan wâces flæsces (lini, Dochtes) wyle waldend crist wætere gedwæscan.

In V. 89. nê heofenes god hênða and gyltas ofer ǽnne sýþ wreccan wile ǽnigum men, möchte ich nach dem Zusammenhange dieser Stelle mit dem Vorhergehenden wile als eine Umschreibung des Futurums ansehen: Jetzt soll man Busse thun und Thränen der Reue vergiessen, Gott freut sich des Kummers über die Sünde und wird den Menschen nicht mehr als einmal strafen (die Selbstanklage und das Bewusstsein der Sündhaftigkeit genügen ihm als Strafe). Blosse Futurbedeutung haben die mit wile umschriebenenen Ausdrücke: (gemyne) hû egeslîc . . . . . cyninge hêr wile dêman 95. — nê se wrecenda brynæ wile forbûgan (nämlich ǽnigne) 154. — (þâ þe) woldon bêon 132.

II. Die Genera.

A. Das Aktivum.

§ 45. Über das Aktiv ist in syntaktischer Beziehung nichts zu bemerken. Umschreibungen mit dem Particip des Präsens und wesan, bêon kommen nicht vor; denn fêdend 130 ist für fêded verschrieben. (Man vgl. Brandl a. a. O.)

B. Das Passivum.

§ 46. In den weitaus meisten Fällen wird in BDD. das Passiv mit den Formen von bêon und wesan umschrieben, weorðan begegnet nur zweimal gegenüber zwanzig Fällen mit bêon.

Das Präsens des Passivs entsteht durch Verbindung des Präsens von wesan mit dem Particip der Vergangenheit. Aus V. 40. þæt bit ne sý dægeûð þæt þæt dihle wæs ist zu 41. openum wordum eall âbæred zu ergänzen bit ne sý.

§ 47. Das Präteritum wird gebildet mit dem Präteritum von wesan oder weorðan und dem Particip des Präteritums des betr. Verbums. (sê scapa) þe mid criste wæs cwylmed on rôde 54. — (þâ þe) tô-wearde geteald wæron âwiht 133. — eorðbûendra þe on foldan wearð fêded æfre 130. — (Vgl. § 45).

§ 48. Das Perfekt und Plusquamperfekt.

Zur Perfektbildung treten die Participien des Präteritums der Verben zu dem Präsens und Imperfekt von wesan: nê se wrecenda brynæ wile .... ænigum þær âre gefremman, bûton bê horwum sý hêr âfeormad 156. — Häufig aber bezeichnet das Particip mit sein nicht die in der Gegenwart vollendete Handlung, sondern drückt das Ergebnis der Handlung aus, so dass das Particip den Charakter eines Adjektivs annimmt; oft tritt es in solcher Stellung auch mit einem Adjektiv verbunden auf. Dieselbe Bemerkung gilt auch für das Plusquamperfekt. þær synt tô sorge æt somne gemenged se þrosma lîg and se þrece gicela 190. — wolen wæs gehrêred 8. — mîn earme môd eal wæs gedrêfed 9. — se sceaða wæs on rôde scyldig and mânful, mid undædum eall gesýmed 57.

Lumby hat in seiner Übersetzung überall bloss das einfache *to be* mit dem Particip verwandt, wie ja auch das Deutsche nur *sein* verwenden würde.

§ 49. Das Futurum.

Das Präsens von bêon mit dem Participium des Präteritums drückt das Futurum aus: wê bêoð .... brôhte 119. — (æne bið) âboden þider eal adames enôsl 128. — bêoð ealra gesweotolude dîgle geþancas 134. 142. 144. 150. 162. 202. 204. 208. 212. 224. 282.

III. Die Tempora.

§ 50. Das Präsens und das Futurum.

1. Das Präsens. Das Präsens bezeichnet die zur Zeit des Sprechens vor sich gehende Handlung: nû ic ðow ǽddran ealle bidde 26. — ðis is ân hǽl earmre sâuwle 43. Die einzige Schwierigkeit bietet die Form *ondrǽde* in V. 15 und 17. Auf Lumbys Übersetzung des *ondrǽde* durch „I trembled" macht Sweet aufmerksam in dem Sixth Annual Address of the President etc. in den Transactions of the Philological Society 1877—8—9 pag. 4. Die beiden Präsensformen sind in der That auffällig. Die einleitenden Verse reichen bis zum 25., dann erst beginnen die im elften Verse angekündigten unhȳrlîcan fers; noch auffälliger werden diese Formen dadurch, dass auf sie im 21. Verse wieder Präterita folgen. Wie im Angelsächsischen das historische Präsens überhaupt selten ist, findet es sich in BDD. sonst nirgends. Hier aber steht der Annahme, ondrǽde könne historisches Präsens sein, ausserdem entgegen, dass in V. 21, nachdem Imperfekta vorausgegangen sind, nochmaliger Tempuswechsel eintreten würde.

Nun kommt nach Sievers (Gram. § 395) im Westsächsischen bisweilen die schwache Form *ondrǽdde* vor. Könnte da hier nicht vielleicht eine verderbte schwache Form vorliegen? Es begegnen ja sonst in unserem Gedichte mehrfach Übertritte aus der starken in die schwache Flexion. Eine Zusammenstellung dieser Fälle giebt Brandl a. a. O.

2. Das Futurum. Da dem Angelsächsischen eine besondere Form für das Futurum fehlt, so muss es sich mit dem Präsens behelfen, wie das andere altgermanische Mundarten aus demselben Mangel, und in dem Streben nach Kürze und Anschaulichkeit auch das Neuhochdeutsche und in beschränkterem Masse das Neuenglische thun. Ein Gedicht, das wie BDD. das zukünftige Weltgericht behandelt, muss nun für die Verwendung des Präsens in Futurbedeutung besonders lehrreich sein.

Lumby sagt in seiner Anmerkung zu V. 104: This word (bið) has been translated here and elsewhere "is", but in many places "will be", according as the sense seemed to require. In der That ist der subjektiven Auffassung bei der Scheidung zwischen Futurum und Präsens grosser Spielraum gelassen.

Der Zusammenhang ist dabei auch für mich in erster Linie massgebend gewesen. Der lateinische Text kann kaum Anhalt bieten, da in ihm sich keine Konsequenz in der Verwendung des Futurs finden lässt; man vgl. besonders das agitabis des 89. Verses. Da die von der Wurzel bhû stammenden Präsensformen des Verbums bêon dem Futurum besonders vorbehalten sind, habe ich, wo nur möglich, dieselben als Futura ansehen zu müssen geglaubt. Ferner habe ich überall da Futurum angenommen, wo von einem Geschehen in jener Zeit des Gerichts, in der Verdammnis und Seligkeit die Rede ist, das Präsens aber da, wo dauernde Zustände geschildert werden, die der Verdammnis oder der Seligkeit als wesentliche Eigentümlichkeiten zukommen, ferner wo ein Geschehen durch parallele Gedanken weiter ausgeführt wird, daher namentlich auch in Nebensätzen.

In den allermeisten Fällen stimme ich mit Lumby überein; es wird daher genügen, der Kürze halber bloss die Stellen aufzuführen, in denen ich von ihm abweichen möchte.

In den Versen 29—32 dürfte wohl Futurum zu lesen sein, das þænne in V. 29 scheint darauf hinzudeuten. In der Schilderung der in der Natur vorgehenden Veränderungen V. 97—109 nehme ich gleichfalls Futurum an. Nach meinem Dafürhalten ist schon von V. 272 (nicht erst 282) an Futurum anzunehmen, da hier das, was geschehen wird, geschildert wird.

§ 51. Das Präteritum.

Bei der mangelhaften Entwickelung der Tempora im Germanischen, dient auch das ags. Präteritum dazu, verschiedene Zeitsphären zum Ausdrucke zu bringen.

a) Das Präteritum bezeichnet in absolutem Gebrauche d. h. ohne Beziehung auf Gleichzeitiges, die unbegrenzte Vergangenheit als Aorist an folgenden Stellen: ic âna sæt 1. — þâ wæterburnan swêgdon and urnon 3. — þær wynwyrta weôxon and blêowon 5. — þâ wudubêamas wagedon and swêgdon 7. — þâs unhŷrlican fers (ic) onhefde mid sange 11. — ebenso 21. 24. 25. 54. 57. 60/63. Über ondrǽde 15. 17. vgl. man § 50. 1.

b) Das Präteritum bezeichnet die abgeschlossene Vergangenheit: þæt hit ne sŷ dægenð, þæt þæt dîhle wæs 40. — (bið gesweotolud) eal þæt sêo heorte hearmes geþôhte, oððe séo tunge.... geclypede.... hand gefremede 136/8. — (fyrgende fliese) hym selfum swâ fela synna geworhte, þæt hit... cwylmed wyrde 216. — 140. 141. 143. 241. — In oþþe þâ þe wæron 132 bezeichnet es die abgeschlossene Vergangenheit im Gegensatz zu der Gegenwart und Zukunft.

c) þe on foldan wearð fêded*) æfre oððe môdar gebær tô manlîcan 130—131 umschreibt das lateinische qui sunt, demnach bezeichnet das Präteritum hier nicht die abgeschlossene Vergangenheit, sondern eine **vollendete, in ihren Wirkungen noch andauernde Handlung**. Das Neuenglische würde das Perfekt verlangen. Die folgenden Stellen sind auch so zu beurteilen: hû ne gesceôp þê sê scaþa scearplîce bysne 53. — wîtu, ðâ dêoflum gêo drihten getêode 182. — on grunde, þe wæs in grimmum sûsle on helle 189.

d) Das Präteritum dient als **Imperfektum Futuri** zur Bezeichnung einer in der Zukunft bedingt möglichen oder bloss angenommenen Handlung: eal swylce þû cwæde 12. — hû hê synfullum sûsle gefremede 153. — (þâ þe) geteald wæron 133. — Auch die Umschreibung mit „wollen" findet sich hier: þâ þe wæron oððe woldon bêon 132. — Man vergl. § 47 u. § 48.

§ 52. **Die Folge der Zeiten.**

a) Die Thätigkeiten des Hauptsatzes und des Nebensatzes fallen in **dieselbe** Zeit, so folgt

α) auf ein Tempus der Gegenwart wieder ein solches, z. B. nû is hâlwende, þæt man hêr wêpe and dædbôte dô 84. — ic lære þæt þû bêo hrædra mid brêowlîcum têarum and þæt yrre forfôh êces dêman 76. — ic bidde man that þû gemune, hû micel bið se brôga 122.

β) auf ein Tempus der Vergangenheit wieder ein solches, z. B. eal þæt hwæne sceamode scylda on worulde, þæt hê ænigum men ypte oððe cŷðde 140. — (fyrgende flîesc) hym selfum swâ fela synna geworhte, þæt bit on cweartern cwylmed wyrde 216.

---

*) Man vgl. Brandl a. a. O.

b) Die beiden Thätigkeiten gehören verschiedenen Zeiten an.

α) es findet Übergang aus einem Tempus der Gegenwart in ein solches der Vergangenheit statt, z. B. (fyren lîg) ræset and êfesteð, hû hê synfullum sûsle gefremede 153. —; der Redende verlegt hierbei die Thätigkeit als nicht verwirklicht in die Vergangenheit. Sehr erklärlich ist der Tempuswechsel im Adjektivsatze, z. B. þonne bið eallum open .... þæt man lange hæl 143.

β) aus der Vergangenheit wird übergegangen in die Gegenwart, z. B. hû ne gesceôp þê sê scaþa scearplîce bysne .... hû micel forstent and hû mære is sêo sôðe hrêow synna and gylta 55, der Nebensatz enthält ein allgemeingiltiges Faktum. Wiederum beim (substantivierten) Adjektivsatze: þonne blindum besêah biterum lîgum carme on ende þæt unâlŷfed is nû 242.

IV. Die Modi.

§ 53. Der Indikativ.

Über den Gebrauch des Indikativs ist nichts zu sagen.

§ 54. Der Konjunktiv.

1. Im Hauptsatze ist der Konjunktiv nur einmal anzutreffen zum Ausdrucke einer Aufforderung: nê þêr ôwiht inne ne belîfe 38.

2. Im Nebensatze dient der Konjunktiv, als der Modus der Subjektivität, dazu, die Thätigkeit als ungewiss, nicht wirklich oder beabsichtigt hinzustellen.

Der Konjunktiv findet sich in BDD. in den folgenden Nebensätzen.

a) Der Substantivsatz.

α) Der Subjektsatz. In den beiden vorkommenden Subjektsätzen findet sich der Konjunktiv, um die Handlung als eine geforderte, notwendige hinzustellen. ðis is ân hæl ... þæt hê wunda hêr wôpe gecŷðe uplîcum lǽce 45. — nû is hâlwende þæt man hêr wêpe and dǽdbôte dô 84.

β) Der Objektsatz.

αα) der mit þæt eingeleitete. Nach einem Verbum, das eine Bitte oder Belehrung ausdrückt, steht der Konjunktiv. ic bidde man that þû gemune 122. — ic bidde þæt gê wylspringas wel ontŷnan 27. — ic bidde . . . þæt gê ne wandian wiht for tearum 34. — ic lǽre þæt þû bêo hrædra mid hrêowlîcum tearum and þæt yrre forfôh êces dêman 76. — In den folgenden Zeilen: eal þæt hwæne sceamode scylda on worulde þæt hê ænigum men ypte oððe cŷðde 140. — ist der Satz þæt . . . cŷðde ein zweites Objekt zu sceamode; ypte und cŷðde halte ich für Konjunktive, welche die Nichtverwirklichung der Thätigkeit ausdrücken sollen, wie der Konjunktiv in dem Adjektivsatze V. 223 (s. unten) steht, um die Nichtverwirklichung zu bezeichnen.

ββ) der Objektsatz in Gestalt einer abhängigen Frage. Zum Ausdrucke der Absicht steht der Konjunktiv nach einem zu ergänzenden Verbum des Sinnens: (fŷren lîg) ræset and êfesteð hû hê synfullum sûsle gefremede 153.

b) Der Adjektiv- oder Relativsatz.
Zweimal findet sich der Konjunktiv in Relativsätzen, das eine Mal, um die Nichtverwirklichung auszudrücken: ne bið þær fultum nân þæt wið þâ biteran þing gebeorh mǽge fremman 223. — das andere Mal, wo er eine blosse Voraussetzung enthält: þâ ic . . . þâs . . . fers onhefde mid sange eall swylce þû cwǽde 12.

c) Der Adverbialsatz.

α) Der Adverbialsatz der Zeitbestimmung. Der die Zeitdauer ausdrückende Temporalsatz: nû þû scealt grêotan tearas gêotan, þâ hwîle tîma sŷ 83. — steht im Konjunktiv.

β) Der Adverbialsatz des Grundes. 299—301 heisst es: hwæt mæg bêon heardes hêr on lîfe, gif þû wille secgan sôð þǽm (rel. fehlt) ðê frîneð wið þâm þû môte gemang þâm werode eardian unbleoh. — wið þâm mit unterdrücktem þæt führt den Erkenntnisgrund ein (vgl. § 115) und hat den Konjunktiv môte nach sich.

γ) Der Konditionalsatz. Der Konjunktiv bezeichnet die Thätigkeit als nicht verwirklicht: gif þû wille secgan sôð 300. — Daher steht er auch nach der ausschliessenden Konjunktion bûtan: bûton hê horwum sŷ hêr âfeormad and þonne þider cume þearle âclænsad 156/7.

δ) Der Finalsatz, eingeleitet mit þæt, erfordert den Konjunktiv: wê bêoð him beforan brôhte ... that gehwile underfô dôm 121.

ε) Der Folgesatz. Von den vier anzutreffenden Folgesätzen haben drei den Konjunktiv: (flæsc) hym selfum swâ fela synna geworhte, þæt bit ... ewylmed wyrde 216.

Die beabsichtigte Folge: nê þær ôwiht inne ne belîfe ... þæt hit ne sŷ dægenð 40.

Die Unmöglichkeit, Nichtwirklichkeit: nê se môna næfð nânre mihte wiht, þæt hê þære nihte genipu mæge flecgan 110.

§ 55. Der Imperativ.

Der Imperativ ist der Modus des direkten Befehls: gemyne eac on môde 92.

Der Imperativ schliesst sich an abhängige Rede an, dieselbe fortsetzend: ic bidde ... þæt gê ne waudian wiht for tearum ac dreorige hlêor dreccað mid wôpe and sealtum dropum sôna ofer gêotaþ and geopeniað mân 35.

Der Imperativ schliesst sich unmittelbar an eine direkte Frage an: hwî ne forhtas þû fŷrene egsan? and þê sylfum ondræd swiðlice witu! 181.

V. Die Participalien.

§ 56. Der Infinitiv.

Der Infinitiv bezeichnet die Thätigkeit oder den Zustand ganz im allgemeinen, als ein abstraktes Verbalsubstantiv. Der Infinitiv wird verwendet

a) als Objekt

α) nach den sogenannten modalen Hilfsverben: sê âna mæg ... gehælan and ... onbindan 47. — ebenso

49. 52. 73. 74. 82. 89. 90. 95. 110. 132. 147. 154. 155. 170. 176. 186. 206. 223. 249. 251. 299. 300. 302. 304.

β) nach einem Transitivum nur in V. 97: hwylce forebêacn fêran onginnað.

b) bei Intransitiven zur Angabe

α) des Zweckes: se earma flŷhð uncræftiga slǽp slêac mid sluman slincan on hinder 240.

β) der Folge: nǽnig sprǽc mæg bêon spellum ârecean ǽnegum on corðan earmlice witu 186.

c) beim Adjektivum, das eine Bestimmung ausdrückt: scyldig scyndan 238.

§ 57. Das Participium.

1. Das Participium des Präsens kann substantiviert werden.
a) vollständig zu Substantiven gewordene Participien sind: wealdend engla 50. — nerigende 64. — corðbûendra 129.
b) sonstige, zur Bezeichnung
α) von Personen: (ðis is) þâm sorgiendum sêlest hihta 44.
β) von Sachen: þonne cumað hider ufon of heofone dêað bêacnigende 112. — lat. de coelo venient et signa minantia mortem 56.

2. Auch das Participium des Präteritums findet sich substantiviert. Ein einziges Mal wird der Superlativ gebletsodost calra 295 als Substantiv von der Jungfrau Maria gebraucht. Über die Participien als Prädikat vgl. man § 5, als Apposition § 94, als Attribut § 95.

Zweiter Abschnitt.
Die inflexibeln Wortklassen.
Erstes Kapitel. Die Präpositionen.

§ 58. Die Präpositionen zerfallen in echte, ursprüngliche Adverbien oder Partikeln, und unechte, die durch Verbindung von Partikel und Nomen gebildet sind. In BDD. erscheinen 22 Präpositionen, darunter 16 echte. Meistens regieren die Präpositionen nur éinen Kasus; mit zwei Kasus kommen vor: on, wið, betwyx, nämlich mit dem Dativ und dem Akkusativ; Dativ oder Instrumental regiert mid.

Die Präpositionen können zum Teil dem regierten Worte nachgestellt werden; dieser Gebrauch wird bei der folgenden alphabetischen Aufzählung der Präpositionen erwähnt werden.

A. Die echten Präpositionen.

§ 59. æt bei kommt dreimal mit dem Dativ verbunden vor; die Nähe im Raume bezeichnend, steht es bei „bitten". hwi ne bidst þû þê beþunga and plaster... æt lifes frêan 81. Die gebetene Person wird nicht als Ausgangspunkt der Gabe angesehen, sondern als die Stelle, bei der man die Bitte anbringen muss. Daher findet sich æt auch bei „empfangen". that gehwile underfô dôm be his dǣdum æt drihtne sylfum 121, zunächst: bei dem Herrn, d. h. vor ihm stehend.

In V. 18 þæt êce ic êac yrre oudrǣde mê and synfulra gehwâm æt sylfum gode besteht eine engere Verbindung zwischen yrre und æt sylfum gode: der Zorn, der beim Herrn vorhanden ist.

§ 60. be mit dem Dativ
  a) dient dazu den Grund, die Veranlassung auszudrücken: „auf Grund von". ne mæg þær æniman be ârnum gewyrhtum gedyrstig wesan 169.

b) drückt den Massstab aus: „nach Massgabe". (bû) cyninge hêr wile dêman âura gehwylcum be ůrdůdum 96. — that gehwile underfô dôm be his dǽdum 121.

§ 61. beforan mit dem Dativ bezeichnet
a) die Bewegung nach einem Orte hin: „vor". wê bêoð fûringa him beforan brôhte 119.
b) die Ruhe an einem Punkte: „vor". hû micel bið se brôga beforau dômsetle drihtnes 123.

§ 62. bûtan mit dem Dativ „ohne" bezeichnet das Nichtvorhandensein. brûcan bliðnesse bûtan ende forð 304.

§ 63. for mit dem Dativ giebt an
a) die bewirkende Ursache: „infolge, vor". êagan .... wêpað for þæs ofnes bryne 194, — þâ têþ for miclum cýle manna þûr gryrrað 195. — for micelnysse mǽnig sprǽc mæg bêon spellum âreccan ǽnegum on eorðan earmlîce wîtu 185.
b) den Beweggrund: „wegen, für". (fela mǽgða) heora sinnigan brêost swiðlîce bêatað ... for fyren-lustum 160. — wîtu þe þâra earmra byð for ǽrdǽdum 93. — (gif þû) þê sylfum dêmst for synnum on corðan 87. — ic ondrǽde mê êac dôm ... for mâudǽdum mînum 16.
c) das, worauf es ankommt: „betreffs". þæt gê ne wandian wiht for têarum 34.

§ 64. in mit dem Dativ dient zur Bezeichnung
a) der Örtlichkeit, an der etwas sich in Ruhe befindet. (fæder ealle) in heofon-setle hêah gehrîncð 276; mit Brandl ist wohl besser gerîmeð zu lesen.
b) des Zustandes. þe wæs in grimmum sûsle on helle 189.

§ 65. innan mit dem Dativ: „innerhalb, inmitten". ic âna sæt innan bearwe 1. — þǽr wynwyrta weôxon and blêowon innon þâm gemonge (nämlich der Pflanzen) 6.

§ 66. mid
1. mit dem Dativ bezeichnet
a) die Begleitung, Gemeinschaft. mid criste 54. — mid nerigende 64. — hagul scûras hearde mid snâwe 264. — sib mid spêde 267. 233. 240. 75.
b) das Mittel. mid helme beþeht 2. — mid fýste 29. 160. — mid undǽdum eall gesýmed 58. — mid stiðum âsty-

rest sticelum 179. — 35. 49. 61. 78. 79. 206. — Zu V. 47 vgl. man § 24 Anm. 1.
  c) die begleitenden Nebenumstände. gehŷreð mid lustum 70. — mid gesyntum 248.
  d) die örtliche Nähe, das Sichbefinden unter. mid mê (bei mir, im Herzen) 24. — (weudan) mid sorgum and mid sârgunge 245.
  2. mit dem Instrumental zur Bezeichnung des Mittels. mid þŷ 150, und der Begleitung, mid ealle (ganz und gar) 232.
  § 67. of mit dem Dativ drückt den Ausgangspunkt einer Bewegung aus. þonne cumað hider ufon of heofone dêað bêacnigende 111. — becumað of swegles hlêo eall engla werod 126.

§ 68. on
1. mit dem Dativ wird gebraucht
  a) räumlich, die Ruhe an einem Orte bezeichnend:
    α) „auf". on ǽnlicum wonge 6. — on eorðan 14. 16. 87. 98. 139. 187. — on gebed stôwe 30. — on hêah setle 118. — on foldan 130. — on moldan 292. — on upcundra êadegum setlum 303.
    β) „in". on middan gehæge 4. — on heofonan rîce 22. — on heort-scræfe 39. — on horwe 77. — on þŷstrum scræfum 139. — on blindum scræfe 220. — on worulde 140. — on grunde 188. — on helle 189. on lige 229. — on môde 92. — on seeade 238.
    γ) „an". on hlêorum 28. — on rôde 54. 57.
  b) zeitlich: „an, in". sôna on morgen 108. — on þære dægtîde 135. — on ende 242. — on life 243. 299.
  c) übertragen auf das Befinden in einem Zustande: „in". on wênan 174. — on gâlnysse 178.
2. mit dem Akkusativ
  a) räumlich, ausdrückend
    α) die Bewegung nach einem Orte: „in, auf, nach". on-weg 237. — on hinder 240. — on gemang 282. — Bei dem Verbum „legen" on eorðan 31.
    β) die Ruhe an einem Orte: „in". on eweartern 216 (carcere 108).
  b) zeitlich: „in".
    α) auf die Frage wann? on þâ tid (illā horā) 176.

β) auf die Frage wie lange? on worulda woruld 167. 247. — on þâs frêcnan tîd 214. — on woruld ealle 250. — on êcnesse 302.

§ 69. tô

1. mit dem Dativ wird verwendet
  a) örtlich, die Bewegung nach etwas hin ausdrückend: „zu". (wê bêoð) cumene tô his ansŷne 120.
  b) übertragen, die Bestimmung ausdrückend: „zu". witu ðâ dêoflum gêo drihten getêode ... wêana tô lêane 183. — þâer synt tô sorge ætsomne gemenged ... 190. — (eal þæt) sêo tunge tô têonan geclypede 137. — (þâ þe) môdar gebær tô manlîcau 131. — Vgl. § 25.
  c) dem Dativ des Interesses entsprechend: „für". ic ... bidde þæt gê wylspringas wel ontŷnan ... recene tô têarum 28.
  d) zum Ausdrucke der Gemässheit: „zu". drihtne tô willan 85.
2. mit dem Genetiv nur in der Verbindung tô middes 2. 192. 284.

§ 70. þurh mit dem Akkusativ.
  a) es dient zur Angabe der Bewegung durch etwas hin: „durch". hêo lêt þurh þâ scênan scînendan rîcu 294. — ac ealle þurh yrnð oga 171.
  b) es bezeichnet die Veranlassung infolge der in der Person beruhenden Kraft: „vermöge, kraft, durch". mihtig frêa eall manna cynn tôdæleð and tôdêmeð þurh his dîhlan miht 20.
  c) es drückt aus die bewirkende Ursache: „infolge". þâ wudu-bêamas wagedon and swêgdon þurh winda gryre 8.

§ 71. ufenan (ufenon): „über, ausser". Ufenan ist sonst nur als Adverb in der Bedeutung „von oben" belegt, hier findet es sich dreimal als Präposition mit dem Akkusativ in der Verbindung ufenan eal þis 144. 212 271. An allen drei Stellen übersetzt es das lateinische insuper in den Versen 72. 106. 138. Lumby giebt ufenan eal þis in den Versen 144 und 271 durch beside all this wieder, 212 durch above all this.

§ 72. under mit dem Dativ wird räumlich gebraucht in 149 (eal) under rôderes ryne ... bið emnes mid þŷ (fŷre) eal gefylled. — Über ryne vgl. man § 6 Anm.

§ 73. wið
1. mit dem Akkusativ
 a) in feindlichem Sinne: „gegen, vor". (fultum) þæt wið
  þâ biteran þing geberh mæge fremman 223.
 b) aus der Bedeutung erga ist zu erklären der Gebrauch
  in V. 73: „gegenüber, vor" (einem Dativ des indirekten
  Objektes in der Bedeutung nahe kommend). þû âna
  scealt gyldan scâd wordum wið scyppend god.
2. mit dem Dativ bedeutet es „im Vergleich mit, gegenüber"
 und kommt nur in dem zur Konjunktion gewordenen
 wið þâm 301 vor. Man vgl. den § 115.

B. Die unechten Präpositionen.

§ 74. Substantivische Präpositionen.
1. gehende mit Dativ und nachgestellt: „zu handen, angesichts". dêaðe gehende 59. — dêman gehende 170.
2. gemang mit dem Dativ: „unter einer Menge". gemang
 þâm ǽnlîcan engla werode 280. — gemang þâm werode 301.
3. on gemang mit dem Dativ und nachgestellt: „unter
 einer Menge". þêodscipum on gemang 282.
4. tô willan mit dem Dativ und nachgestellt: „zu Willen".
 drihtne tô willan 85.

§ 75. Adjektivische Präpositionen.
1. betwyx mit dem Dativ
 a) von Zuständen: „unter, mitten in". betwyx þǽre êcan
  uplîcum sibbe 297. — betwyx forsworcenum sweartum
  nihtum 198.
 b) „mitten unter" (Personen). betweox fæder and sunu,
  frêolîcum werede 296. — Man vgl. § 21 Anm.
 mit dem Akkusativ
 c) „mitten unter eine Anzahl von Personen gerechnet".
  hŷ bêoð geþêode ... betwyx hêabfædcras and hâlige
  wîtegan 283.
 d) „mitten unter, mitten durch Sachen hindurch". betweoh
  rôsena rêade hêapas (scînað) 286.
2. tô middes mit dem Dativ und nachgestellt: „inmitten".
 holte ... 2. — helle ... 192. — byrgum tô middes 284.

Zweites Kapitel. Die Adverbien.

§ 76. Die Verwendung der Adverbien, ihre Berührung mit den Adjektiven.

Nach ihrer Verwendung im Satze teilt man die Adverbien ein in: örtliche, zeitliche, modale und kausale. Zu den modalen im weitesten Sinne sind auch die Satzadverbien der Bejahung und der Verneinung zu rechnen, die kausalen gehen, wie die Adverbien überhaupt, oft ins Gebiet der Konjunktionen über.

Wo die Form nicht ganz deutlich das Adverb erweist, wie z. B. im Komparativ und Superlativ, kann man schwanken, ob man das Adverb oder das Adjektiv anzunehmen habe, wie denn überhaupt Adjektiv und Adverb bei intransitiven Verben einander berühren. Man kann daselbst mitunter die betreffende Form als nähere Bestimmung des Subjekts oder des nominalen Prädikats, aber auch als Bestimmung des Thätigkeitsbegriffes ansehen.

In V. 62 (hê) his bǽle begeat and help recene könnte man recene, da help Feminin ist, als acc. sg. fem. auffassen.

V. 28 þæt gê (ǽddran) wylspringas wel ontŷnan hâte on blôorum fasse ich hâte als Adjektiv, gehörig zu wylspringas; Lumby erklärt es als Adverb (zu ontŷnan gehörend?).

Auch in V. 178 (þû) hêr glæd leofast on gâlnysse ist glæd nicht als endungsloses Adverb, sondern als prädikative Bestimmung, verbunden mit on gâlnysse anzusehen; ebenso ist upplîce in V. 113 þonne cumað upplîce êored-hêapas Adjektiv.*)

Die Adverbien bieten im Allgemeinen wenig Anlass zu syntaktischen Bemerkungen.

§ 77. Die Adverbien des Ortes.

Folgende Ortsadverbien kommen in BDD. vor: þǽr, þider, hêr, heonone, on hinder, inne (þǽr inne), ufon, embûtan, ǽghwanum, ǽghwær, feor, on-weg, âweg.

Sie bezeichnen den Ort, an dem eine Handlung vor sich geht, nach oder von dem sie sich bewegt.

1. Die das Wo bezeichnenden Ortsadverbien:
   a) þǽr „da, dort"
      α) Ic âna sæt innan bearwe ... holte tômiddes þǽr
      þâ wæterburnan swêgdon and urnon ... êac þǽr

---
*) Vgl. Brandl a. a. O.

wynwyrta weóxon 3. 5. Das erste þǽr ist relativisch gebraucht, so erscheint þǽr noch in 217, 218 (lat. 109 ubi); auch in V. 285 halte ich es für Relativum, man vgl. unten § 112.

β) þǽr wird pleonastisch gebraucht

αα) wo noch eine andere Ortsbestimmung vorhanden ist: nê þǽr ôwiht inne ne belîfe on heort-scræfe 38. — þǽr bið unrôtnes ǽghwær 227. — Eine nachdrückliche Hervorhebung der Örtlichkeit liegt wohl kaum vor in V. 190 þǽr synt tô sorge æt somne gemenged ... helle tô middes, sondern þǽr ist auch hier in abgeblasster Bedeutung gebraucht, einem „da" entsprechend, das nur auf die Existenz hindeutet.

ββ) þǽr wird in abgeschwächter Bedeutung gebraucht, auch wenn keine Ortsbestimmung weiter vorhanden ist. Es soll keine Örtlichkeit angeben, sondern nur auf das Dasein überhaupt hinweisen. Im Deutschen würde ihm das pleonastische „da" entsprechen, das besonders der Volks- und Kindersprache eigentümlich ist, seine lokale Bedeutung oft ganz eingebüsst hat und nur das Vorhandensein angiebt und zur Weiterentwickelung der Erzählung oder Schilderung dient. — Dieses so gebrauchte þǽr findet man bei Intransitiven, besonders bei „sein" und dem Passivum, z. B. 173 mit Inversion des Subjekts þǽr stænt âstifad ... eal ârlêas hêap. — Jedenfalls sind die þǽr in 282, 287, 288 auch so aufzufassen, da ein besonderer Hinweis auf die Örtlichkeit in Rücksicht auf die Verse 280, 281, 286 überflüssig erscheint. Auch in der trockenen Aufzählung alles dessen, was in der Seligkeit nicht vorhanden sein wird, V. 252—257, ist nicht jedes þǽr als ein erneuter Hinweis auf das Himmelreich anzusehen, wenngleich auch die ortsbestimmende Kraft noch nicht überall erloschen ist, wie daraus hervorgeht, dass þǽr hier auch ohne Verb zu treffen ist, 261. þǽr wird nicht verwandt, die Richtung nach einem Orte hin auszudrücken; auch in V. 255 ne cymð þær sorh etc. giebt þær nicht Richtung nach etwas hin an, denn cymð ist hier gleichbedeutend mit dem weiter oben stehenden gelimpeð, bedeutet demnach soviel als „stellt sich ein".

b) hêr 45. 84. 95. 156. 178. 299; an allen diesen Stellen geht hêr auf das Leben im Diesseits, schliesst also zugleich die Beziehung auf die Zeit mit ein. — Auch 299 hwæt mæg bêon heardes hêr on lîfe? beziehe ich hêr auf das irdische Leben und fasse es zusammen mit on lîfe; Lumby sagt in seiner Anmerkung dazu: „hêr = in the world of bliss", in der Inhaltsangabe am Rande: „What are earth's hardships to this?", nimmt also hier hêr on lîfe zusammen und giebt es wieder durch earth's.

2. das Wohin: êac þonne cumað hider 111. — âboden þider 128. — (bûton hê) þider cume 157. — fæsthafolnes feor gewîteð 236. — on hinder 240. — on-weg 237. — âweg 222.

3. das Woher: ufon of heofone 111. — heononc 231. 235. êghwanum 120.

§ 78. Die Adverbien der Zeit.

Die Zeitadverbien bestimmen das Wann, Seitwann, Wielange; in BDD. erscheinen: þonne, nû, nûðâ, sôna, þâ, æfre, næfre, gêo, forð, hwîlum.

1. Die Bestimmung des Wann:

Þonne (þænne, ðonne) bedeutet „alsdann, in jener Zeit", weist hin auf eine später kommende Zeit, so in 107, 113, 111 und öfter. Es dient auch bloss zur Verknüpfung der Gedanken, den Fortschritt der Handlung andeutend, wie in V. 151 (eal byð) mid þŷ eal gefylled, ðonne fŷren lîg blâwað etc. und V. 29, wo es dem im 26. V. stehenden nû entspricht; ebenso wird þâ in V. 10 verwendet. Einmal (71) erscheint ðonne relativisch zur Anknüpfung eines Adjektivsatzes an ein Substantiv, man vgl. § 112.

nû und nûðâ beziehen sich auf die Gegenwart des Redenden: nû ic êow bidde 26. — nû is hâlwende 84.

— 82. — nûðâ 33. — nû kann aber auch auf eine andere Zeit als die des Redenden gehen, wie im V. 242 ðonne ... besêah ... þæt unâlýfed is nû lêofes on life, lâð hið þænne, woselbst es das in der Zukunft Gegenwärtige bezeichnet; es steht da in der Bedeutung „nunmehr" dem þænne gleich.

Sôna in der Bedeutung „früh" 108. — „alsbald" 36.
— Einen Zeitpunkt im Verlaufe eines Zeitraumes bezeichnen æfre und næfre 130. 253. 256, die Vergangenheit giebt an gêo 182, als Korrelative treten auf hwîlum — hwîlum 193—195.

2. Die Bestimmung des Wielange: swâ lange 66. — Wie die Ortsadverbien die Zeitsphäre berühren, ist schon oben (§ 77, 1. b) angedeutet worden, hier kommen noch dazu zwei ganz zu Zeitadverbien gewordene Ausdrücke: on ende „zuletzt" 242 und forð 304 „fortan".

§ 79. Die Adverbien der Modalität.

1. Die Adverbien der Art und Weise im engeren Sinne bestimmen das Wie einer Handlung
a) ganz allgemein, abstrakt:
α) demonstrativ: swâ some 42. β) ungenau: âwiht 133. — wihte 221.
γ) fragend: hwî und hû. hwî leitet direkte Fragen ein: hwî latast þû swâ lange? 66. — hwî swîgast þû? 67. — 78. 80. 180. — In V. 214 for hwî (= why) fyrgende (luxurians) flêsc ... hym selfum swâ fela synna geworhte, übersetzt for hwî das begründende lateinische cur (V. 107). — hû dient meistens zur Einleitung indirekter Fragen: 19. 55. 55. 92. 94. 94. 122. 153. Nur einmal steht es in direkter Frage: hû ne gescôp þe sê scaþa secarplîce bysne? 53, hier kommt es einer Interjektion der Verwunderung nahe (§ 85).
b) bestimmt, konkret: swiðo 105. 192. 245. 24. 29. 49. — swiðlîce 159. — þearle 157. — forhte 160. — recene 28. 48. 62 (zu 62 vgl. man § 76). — gelîce 143. — bitterlîce 166. — horxlîce 167. — glædlîce 272. — fægere 275. — frêolîce 275. — hêah 276. — wel 27.

249. 274. — elles 201. — emnes 150. — fœringa 10.
119. — ætsomne 143. 164. 171. 190. 234. 274. — samod 250. 267.
2. Quantitäts- und Gradbestimmungen: eal 4. 9. 12. 58. 101.
194. 41. 150. — mid ealle (gänzlich) 232. — micel 55. —
miclum 103. — ungemetum 193. — Über lyt (61) vgl.
man § 40, 9.
§ 80. Die Adverbien der Kausalität.
Die Kausalitätsadverbien gehen oft in das Gebiet der
Konjunktion über, so das einzige hier vorkommende: forþon =
forþam 164.

Die Verneinung.
§ 81. Die Verneinung ne. Die einfache Verneinung ist
ne, ihre Stelle hat sie vor dem Worte, zu dem sie gehört, also
gewöhnlich vor dem Verbum. Von den bekannten Verschmelzungen der Verneinung mit Verben finden sich in BDD. nele 49.
— næfð 109. — nis 260. — Auch mit manchem Pronomen und
Adverbium vereinigt sich n'e zu Verbindungen wie nân 109. 146.
147. 200. — nœnig 186. 266. — nâ-wiht 201. — nâht 206. —
Die Verneinung ne kann durch einen adverbiellen Zusatz verstärkt werden: þæt gê ne wandian wiht for têarum 34. — [nê
þâra wera worn wihte 221].
§ 82. Die Verdoppelung der Verneinung.
Die Verneinung kann verdoppelt werden, ohne dass man
einen Unterschied finden könnte zwischen den Ausdrücken,
welche die Verneinnug nur einmal, und denen, die sie zweimal
enthalten. Gewöhnlich geschieht die Verdoppelung in der Weise,
dass, wenn im Satze ein negativer Ausdruck vorhanden ist,
zum Verbum noch ein ne tritt. Solche Verdoppelungen finden
sich 206 hŷ mid nosan ne mâgon nâht geswæccan — ferner
38. 49. — Die Verneinung kann auch vor dem Pronomen wiederholt werden und mit ihm verschmelzen nê nœnigu gnornung
266. 146.
Einmal findet sich eine dreifache Verneinung nê se môna
næfð nânre mihte wiht 109.
§ 83. Die konjunktionale Verneinung nê.
Von der einfachen Verneinung ist die Konjunktion nê =
neque zu scheiden. Dieselbe möchte ich, soweit sie Sätze und
nicht bloss Satzglieder verbindet, in den Versen 38. 49. 51.

88 (Lumby übersetzt hier ne'er). 109. 147. 154. 256. annehmen. Von Lumby, dessen Auffassung sich aus seiner neuenglischen Übersetzung ergiebt, weiche ich in den folgenden Fällen ab.

In V. 90 ne sceal þû forhycean bêaf and wôpas scheint mir die Übersetzung nor nicht am Platze, denn hier wird der in V. 84 nû is hâlwende, þæt man hêr wêpe positiv ausgesprochene Gedanke negativ wieder aufgenommen. Übrigens bot hier auch der lateinische Text keinen Anlass zur Verbindung des in V. 90 ausgesprochenen Gedankens mit dem Vorhergehenden.

Ebenso halte ich es für besser, in V. 146 færð fŷr ofer eall: ne byð þær nân foresteal, den Doppelpunkt, den Lumby hinter foresteal anbringt, bereits nach eall zu setzen, so dass die zweite Hälfte der Zeile nebst der nächsten die Folgerung, die äusserlich durch das Kolon angedeutet werden soll, enthält. Damit fällt die Annahme, dass ne = neque sei.

Nachdrücklicher und eindringlicher wird die Schilderung in den Versen 222—224 flŷhð frôfor âweg, ne bið þær fultum nân . . ., ne bið þær ansŷn gemêt ænigre blysse, wenn man schroffe Gegenüberstellung und nicht konjunktionale Anreihung annimmt; das Lateinische verfährt ebenso V. 112. 113.

Dasselbe möchte ich geltend machen für V. 169. ne mæg þær ænimau .. gedyrstig wesan (nullus ibi confidit 84) und für 202 ne bið þær ansŷn gesewen, 204 ne bið þær inne âht gemêted (non ... cernitur 101. non ... sentitur 102).

So gut wie Lumby in V. 258 ne bið þær, V. 260 nis þær wiedergiebt mit there is not, hätte er auch bei der Übersetzung des ne bið þær in den Versen 262. 265 ebenso verfahren sollen.

Hingegen ist in V. 38 nê þær ôwiht inne ne belife, das erste ne wohl als Konjunktion zu denken; denn es schliesst eine Aufforderung im Konjunktiv an den Imperativ geopeniað mân êcum drihtne an. Das Lateinische hat nec (19).

Nê schliesst sich a) sowohl an bejahende Sätze an, z. B.
 sêo sunne forswyreð ... nê se môna næfð nâure mihte
 wiht 109. — 154. dsgl.
b) wie an verneinende, z. B. ne byð þær nân foresteal,
 nê him man nâne mæg miht forwyrnan 146. — ebenso
 256., als es auch

c) bloss Satzglieder anfügt, z. B. (ne cymð þær sorh), ne sâr, ne geswenced yld 255., ebenso 258. 259. 260. 261. 262/4. 265/6.

Dabei ist zu bemerken, dass 1) auch das konjunktionale ne den oben erwähnten Verschmelzungen unterliegt: þær niht ne genipð, næfre þeostra 253. — ne bið þær fefur, ne âdl, ne færlic cwyld, nânes liges gebrasl 259.
2) in einer Reihe durch ne verknüpfter Satzglieder eins ohne ne, aber negativ gedacht, vorkommen kann: ne bið þær liget, ne lâðlic storm, winter, ne þunerrâd etc. 262/3.
3) an eine negative Reihe von Satzgliedern eine positive sich unmittelbar anschliessen kann, so dass die Verneinung für die positiven Glieder mit ausreicht: ne þær ænig geswinc æfre gelimpeð, oððe hunger, oððe þurst, oððe heanlic slæp 256/7.

Die gleichzeitige Aufhebung zweier (oder mehrerer) Satzglieder oder Sätze erfolgt durch ne .. ne (.. ne ..): ne þær ârfæstnes, ne sib, ne hopa, ne swîge gegladað 219—220. — ne mid swiðran his swýþe nele brýsan wanhydig gemód wealdend engla, ne þone wlacan smocan wæces flæsces (Docht) wyle waldend crist wætere gedwæscan 49—52. — Hier übersetzt ne-ne das lateinische nec-nec der Verse 25 und 26.

Übrigens ist ne mitunter mehr als bloss anreihend, es schliesst zugleich eine Begründung ein: glæd bið se godes sunu, gif þû gnorn þrowast .... ne heofenes god hênða and gyltas ofer ænne sýþ wrecan wile ænigum men 86—89, d. i. „und darum wird Gott nicht" ..

Drittes Kapitel. Die Konjunktionen.

§ 84. Was über die syntaktische Verwendung der Konjunktionen zu sagen ist, ergiebt sich aus den Kapiteln über die Beiordnung und die Unterordnung der Sätze. (2. Teil, 2. Abschnitt, § 99—119.) Hier seien nur der Übersicht wegen die in BDD. anzutreffenden Konjunktionen aufgeführt.
1. Beiordnende
   a) kopulative: and; êac; êac swâ; swylce; ne (§ 83).

b) disjunktive: oðða.
c) adversative: ac; swâ þêah.
d) kausale: forðon.
2. Unterordnende
a) für Substantivsätze: þæt; hû.
b) für Adverbialsätze:
α) temporale: þâ hwîle; nû.
β) kausale: wið þâm, nû; [for hwî 214 vgl. § 79. 1. a) γ)].
γ) konditionale: gif; bûtan.
δ) konsekutive und finale: þæt.
ε) modale, komparative: eal swâ.

Viertes Kapitel. Die Interjektionen.

§ 85. Die Interjektionen bieten keinen Anlass zu syntaktischen Bemerkungen, da sie nicht mit Kasus verbunden auftreten. Es finden sich: lâ 65. 175 zur Anrede und zum Ausdrucke des Schmerzes gebraucht, êalâ 246 „ach" zum Ausdruck der Freude, wâ 177 der Weheruf. Auch das hû der Verwunderung in Fragesätzen ist hierher zu rechnen: hû, ne gesceôp þê sê scaþa scearplîce bysne? 53.

4*

Zweiter Teil.
Die Syntax des Satzes.

Erster Abschnitt.
Der einfache Satz.

Erstes Kapitel. Subjekt und Prädikat.
A. Das Subjekt.

§ 86. Das grammatische Subjekt.

Das grammatische Subjekt wird nicht ausgedrückt, wenn das logische Subjekt durch einen Substantivsatz dargestellt wird: nû is hâlwende þæt man hêr wêpe 84. — Wenn ein intransitives Verbum als Prädikat an die Spitze des Satzes tritt, ohne dass ein Adverb denselben einleitete, ist keine Hindeutung auf das logische Subjekt durch ein grammatisches Subjekt (es) oder ein dasselbe ersetzendes Adverb (da, there) nötig: sitt þonne sigel-beorht swegles brytta 117. — stent hê heortlêas 124. — færð fýr ofer eall 146. — flýhð frôfor âweg 222.

§ 87. Die Wiederholung des pronominalen Subjekts.

Das pronominale Subjekt wird bei mehreren aneinandergereihten Verben teils wiederholt, teils nicht wiederholt. Weiter unten sind sämtliche derartige, in BDD. vorkommende Fälle aufgeführt; aber es sind deren zu wenige, als dass man aus ihnen eine Regel ableiten könnte. Im ganzen scheint die Neigung vorhanden bei den durch and verbundenen Verben das Subjekt nur einmal zu setzen.

1. Das Subjekt wird nicht wiederholt
   a) bei zwei oder mehreren durch and verbundenen Verben: þænne ic synful slêa ... and mîne lîchaman

lecge on corðan 29—31. — (hê) his hæle begeat ...
and in-gefôr þâ æulican geatu neorxnawonges 63. —
ic lære þæt þû bêo hrædra ... and þæt yrre forfôh
.. 76. — gif þû gnorn þrowast and þê sylfum dêmst
87. — bûton hê horwum sŷ hêr âfeormad and þonne
þider cume þearle âclænsad 157. — wâ, þê nû þû þêowast and hêr glæd leofast 178. — þær hŷ bêoð geþêode ... and .. þær symle scînað 286.

b) jedoch auch bei asyndetischer Anreihung: ic fêringa
... þâs ... fers onhefde mid sange ... synna gemunde
12. — (Man vgl. § 12).

Anmerkung 1. Bei emphatischer Verdoppelung des Prädikats
fällt beim zweiten Verb das pronominale Subjekt fort.
þænne ic synful slêa swîðe mid fŷste, brêost mîne bêate 29.

Anmerkung 2. Auch wo man ein pronominales Subjekt erwarten
sollte als Ersatz für das vorhergehende substantivische oder demonstrative
Subjekt, steht es nicht, z. B.
sê âna mæg ... rêplingas recene onbindan, nê mid swîðran his
swŷþe nele brŷsan 49.

2. Wiederholt wird das pronominale Subjekt, ohne dass
Nachdruck darauf gelegt würde,

a) beim Anschluss durch and: ic ondræde mê êac dôm
þone miclan ... and þæt êce ic êac yrre ondræde mê
17. — ic gemunde þis mid mê, and ic mearn swîðe,
and ic murcnigende cwæð 24, 25. — Im Anschluss an
die oben 1. a) zuerst angeführte Stelle V. 32. and
gearnade sâr ealle ic gecîge.

b) beim Asyndeton: hê drihtene ... his bêna bebêad
brêostgehigdum, hê mid lyt wordum ... his hæle begeat 61.

c) bei disjunktiver Verbindung: hwî latast þû swâ lange
... oððe hwî swîgast þû synnigu tunge? 67.

B. Die Übereinstimmung des Subjekts und Prädikats.

§ 88. Einfaches Subjekt.

Das Prädikat stimmt mit dem Subjekte in Person, Zahl
und Geschlecht überein; freilich lassen die Formen nicht mehr
überall die Übereinstimmung erkennen. Ausnahmen:

1. Wenn das Subjekt ein Sammelname in der Einzahl ist, kann das Prädikat in der Mehrzahl stehen: (becumað) call engla werod êene ymtrymmað 126—127. — cal engla werod êene behlænað 115.
2. Einmal findet sich das pluralische Subjekt mit dem Prädikat im Singular verbunden. Das Prädikat steht voraus; dem Verfasser schwebte ein Singular als Subjekt vor, schliesslich setzte er aber den Plural: ðonne blindum beseah biterum lîgum *earme* on ende þæt unâlýfed is nû 241/2.

Mätzner (2. T. 1. II. I. C. 2. c) führt für diese Inkongruenz mehrere Beispiele an.

Anmerkung 1. Die Relativpartikel *þe*, in Übereinstimmung mit ihrem Beziehungsworte gedacht, verlangt als Subjekt das Prädikat in den dem Beziehungsworte entsprechenden Formen:
sê scaþa.. þe mid criste wæs ewylmed 54. — þâ þe wæron 132 u. s. w.

Anmerkung 2. Die Demonstrativpronomina *þæt* und *þis*, als Subjekte auf das Prädikatsnomen hinweisend, stehen mit diesem nicht in Kongruenz:
þæt is Maria 293. — þæt is hêalic gifu (fem.) 279. — ðis is . . . sôlest hihta (masc.) 44. — ðis is ân bêl (fem.) 43.

Anmerkung 3. Obgleich Mätzner und Koch Beispiele dafür anführen, dass der ags. Schriftsteller von sich im Plurale spricht, scheint dieser Gebrauch (zumal in der Dichtung) so selten, dass wir nicht erwarten dürfen, ihn in BDD. zu finden.

§ 89. Mehrfaches Subjekt.

a) Die Subjekte stehen in kopulativem Verhältnisse.

α) Die Subjekte stehen voran, das Prädikat folgt im Plurale nach: hleahter and plega hlêapað æt somne 234. — Die Subjekte können auch in einem Plurale wie calle zusammengefasst werden: earm and êadig calle bêoð âfêred 162.

β) Das Prädikat geht voran und stimmt

αα) mit dem ersten Subjekte überein: ænc bið geban micel and âboden þider eal adames cnôsl corðbûendra 128. — þær hæfð âne lage earm and se welega 163. — þær bið unrôtnes æghwær wæl-brêow, eald and yrre and æmelnes and þær synne êac 227—228. — 161.

ββ) oder es steht im Plurale: þær synt tô sorge æt

somne gemenged se þrosma lig and se þrece
giccla 191. — þær samod rîexað sib mid spêde
and ârfæstnes and êce gôd 268.

b) Die Subjekte stehen in disjunktivem Verhältnisse.
Das Prädikat richtet sich nach dem ihm zunächst
stehenden Subjekte: nê þær ârfæstnes, nê sib, nê hopa,
nê swîge gegladað 220. — ne cymð þær sorh, nê sâr,
nê geswenced yld 255. — nê þær ænig geswinc æfre
gelimpeð, oððe hunger, oððe þurst 256/7.

Anmerkung. *Fela* mit gen. plur., bei der beliebten Wiederholung
des Begriffs durch einen synonymen Ausdruck, verlangt das Prädikat
im Plural: þonne fela mægða, folca unrîm, heora synnigan brêost swiðlîce
bêatað 159.

Zweites Kapitel. Die Wortstellung.

A. Die Stellung des Subjekts und Prädikats.

§ 90. Hauptsätze.

a) Bejahende und verneinende Behauptungssätze.

α) Das Subjekt steht am Anfange des Satzes: ic âna
sæt 1.—7. 8. 9. 15. 21. 24. 25. 33 u. s. w. im ganzen
36 mal.
Das Subjekt wird durch das Prädikat auseinandergerissen: se carma flŷhð uncræftiga slæp 239.

β) Das Prädikat tritt mit Nachdruck an die Spitze des
Satzes zur Belebung des Ausdruckes:
sitt þonne sigel-beorht swegles brytta 117. — stent hê
heortlêas 124. — færð fŷr ofer call 146. — flŷhð
frôfor âweg 222.

γ) Das Prädikatsnomen tritt nachdrücklich an den
Satzanfang und ruft dadurch Inversion des Sub-
jektes hervor: glæd bið se godes sunu 86.

δ) Das durch seine Stellung an dem Anfange des Satzes
hervorgehobene Objekt kann die Nachstellung des
Subjekts hinter das Prädikat bewirken: nê þone
wlacan smocan wâces flæsces (Docht) wyle waldend
crist wætere gedwæscan 52. — þæt wêrige môd
wendað þâ gyltas 244. — þæra andweard calle ...
geblysað fæder 274.

Die Inversion ist aber nicht geboten: þæt ðee ic êac yrre ondræde mê 17. — gearnade sâr ealle ic gecîge 32. — heora heortan horxlîce wyrmas .... ceorfað 168. — 177. 210.

ε) Wenn ein Adverb an die Spitze des Satzes tritt, so kann Inversion stattfinden. In 34 Fällen hat sie statt, in 25 nicht.

αα) Die Verneinung steht zu Anfang des Satzes
1. bei einfachem Verbum
   a) bei der einfachen Verneinung ne findet die Inversion statt. Vgl. § 83. ne scealt þû forhycean 90. ebenso 49. 146. 169. 222. 255. 258. 260. 262. 265.
   b) bei der Konjunktion nê tritt die Inversion nicht ein: nê heofenes god ... wrecan wile 88. 109. 147. 154. 256, in V. 220 nê — nê, wobei noch þær vor dem Subjekte steht.
2. bei zusammengesetztem Verbum findet sich die Inversion stets und zwar so, dass das Subjekt nach dem Hilfszeitworte auftritt: ne bið þær ansŷn gesewen 202. — 204. 224.

ββ) nach þonne sind Inversion und regelmässige Wortstellung gleich häufig: þonne cumað upplice ôored-hêapas 113. — ebenso 241. 142. 134. — êac þonne 111. — þænne samod 126/7. desgl. þænne ic synful slêa 29. ebenso 151. 107. 159. 233. Das zusammengesetzte Subjekt wird einmal durch das Prädikat getrennt: þonne deriende gedwinað heonone þysse worulde gefêan 232.

γγ) nach þær mit einfachem Verb erscheint die Inversion fünfmal 163. 173. 227. 288. ac þær samod 267. viermal nicht: þær nân stefne styreð 200. — 253. — 282 und 5. êac þær.

δδ) nach nû findet sich die Inversion gar nicht: nû ic êow fæddran ealle bidde 26. — 82. 84.

εε) ferner findet die Inversion statt nach folgenden Adverbien: eal bið êac upheofon sweart 104. — ǽne bið geban micel 128. — ac ealle þurh yrnð

oga 171.— ac*) bið angryslîc ege 225. — ufeuan call þis êac byð gefylled ... lyft 144. — ufenon eal þis bið þæt earme brêost ... brôged 212.
nicht aber in folgenden Fällen: þâ ic ... onhefde 11. — ac sê dæg cymeð 71. — êac swâ þâ dûna drêosað 100. — hwîlum þær. êagan ... wêpað 193. — hwîlum êac þâ têþ .... gryrrað 195. — eal hê is bealuwes full 194. — ufenan eal þis êce drihten ... ðenað 272.

b) Fragesätze.

Das Subjekt muss hinter dem Prädikate stehen, ausser wenn es ein Fragepronomen ist: hwî latast þû? 66. — hwî swîgast þû? 67. — 77. 78. 80. 175. 176. 180. — — hwæt mæg bêon heardes? 299.

c) Der Imperativsatz entbehrt des Subjekts immer. Beispiele im § 55.

d) In dem einzigen anzutreffenden Wunschsatze: nê þær ôwiht inne ne belîfe 3S. — findet sich die Inversion nicht.

§ 91. Nebensätze.

Im allgemeinen steht das Subjekt vor dem Prädikate, welches wie im Deutschen meist die letzte Stelle im Satze einnimmt.

Abweichungen finden in folgenden Fällen statt:

1. Substantivsätze: hû micel forstent, and hû mære is sêo sæðe hrêow synna and gylta 55. — hû micel is þæt wite þe þâra earmra byð 92; in jenem Satze gehören zu dem Subjekte zwei Genetive, in diesem schliesst sich an dasselbe ein Relativsatz an. Ein solcher Grund zur Abweichung liegt nicht vor in: hû micel bið se brôga 122.

2. Adjektivsätze. Wohl aus metrischen Gründen ist das mehrteilige Subjekt durch das Prädikat auseinandergerissen: (eweartern) þær ðâ atelan synd êcan wîtu 217. — þær lêohtes ne lêoht lytel sperca 218. — Nachgestellt ist das Subjekt ferner noch in V. 71. ac sê dæg cymeð ðonne dêmeð god.

*) Vgl. Brandl a. a. O.

3. Adverbialsätze. Das Subjekt steht in allen Sätzen vor dem Prädikate.

B. Die Stellung des Objekts zum Prädikate.

§ 92. Das Objekt kann jede beliebige Stelle im Satze einnehmen, zwischen seiner Stellung vor dem Prädikate und nach demselben lässt sich kein Unterschied feststellen. Die Stellung des Subjekts wird durch die des Objekts vor oder hinter dem Prädikate nicht beeinflusst. Darüber, wie ein an den Satzanfang gestelltes Objekt Inversion des Subjekts hervorruft, vergleiche man § 90 a, d.

1. In Hauptsätzen steht das Objekt sowohl nach als vor dem Prädikate und zwar 22 mal nach und 19 mal vor.
   a) nach: 13. 15. 21. 24. 33. 37. 50. 53. 63. 65. 79. 80. 109. 112. 163. 164. 166. 180. 181. 184. 253. 278.
   b) vor: 11. 12. 17. 26. 30. 31. 32. 35. 60. 62. 115. 127. 159. 167. 179. 210. 244. 272. 273.

Anmerkung. Bei den von Infinitiven regierten Objekten verhält sich die Sache ähnlich. Nach dem Infinitive steht das Objekt: 73. 90. 187. 252. 301; vor demselben: 47. 48. 51. 74. 82. 155. 206. (223. 248. bei einem im Adjektivsatze vorkommenden Infinitive, 110. bei einem im Konsekutivsatze enthaltenen).

2. In Nebensätzen steht das Objekt wie im Deutschen meistens vor dem Prädikate und zwar in folgenden Fällen:
   a) in Substantivsätzen: 21. 27. 45. 76. 85. 153.
   b) in Adjektivsätzen: 140. 291. 300.
   c) in Adverbialsätzen: 66. 69. 86. 87. 215.

An Ausnahmen sind mir nur die folgenden vier aufgestossen: nû þû forgifnesse hæfst gearugne timan 68. — þâra ewelra (Relativ ausgelassen) beewylmað ðâ carman 203. — that gehwile underfô dôm be his dǣdum 121. — gif þû wille seegan sôð 300.

C. Die Stellung des Adverbs und der adverbialen Satzbestimmung.

§ 93. Bei der Ungebundenheit der angelsächsischen Wortstellung überhaupt, müssen adverbielle Bestandteile, die an sich schon beweglichsten Satzglieder, in der Dichtung, wo noch metrische Gründe die Wortstellung beeinflussen, die grösste Freiheit in Bezug auf ihre Stellung haben. Jedoch scheint die Neigung vorhanden, das Adverb möglichst beim Verbum unterzubringen; die Verneinung steht fast immer davor. Die adverbiale Bestimmung wird gern an den Schluss gestellt, z. B. eal engla werod êcne behlænað . . . mihte and þrynme 116.

Das Particip hat, wenn es nicht zur Tempus- oder Passivbildung dient, sondern prädikativ oder appositiv gebraucht wird, seine adverbiellen Bestimmungen immer vor sich. Die Beispiele in den Versen 2. 25. 77. 118. 157 sind aufgeführt in den §§ 5 und 94.

Es wird daher genügen, zur Kennzeichnung der Freiheit der Wortstellung nur einige Beispiele aufzuführen.

Das Adverb und die adverbiale Bestimmung stehen

1. nach dem Prädikate: ic mearn swiðe 24. — sêo sunne forswyreð sôna on morgen 108. — wynwyrta weôxon and blêowon innon þâm gemonge on ænlicum wonge 6.
2. an der Spitze des Satzes, wobei Inversion des Subjekts eintreten kann, man vergl. § 90.
3. zwischen Prädikat und Objekt: hwî ne feormast þû mid têara gyte torne synne? 79.
4. zwischen Subjekt und Prädikat: êagan ungemetum wêpað 193. — fæsthafolnes feor gewiteð 236.
5. zwischen Hilfsverb und Particip oder Infinitiv, zwischen Kopula und Prädikatsnomen: wê bêoð færinga him beforan brôhte 119. — (eal) bið emnes mid þŷ eal gefylled 150. — hwæt miht þû on þâ tîd þearfe gewêpan 176. — se sceaða wæs on rôde scyldig 57. — 156. 190. 204. 213. — doch auch môd eal wæs gedrêfed 9.
6. zur Bestimmung eines einzelnen Begriffes vor demselben: swiðe hât and ceald 192. — samod blîðe 250. — (vgl. oben die Bemerkung über das Particip), doch auch getrennt von demselben: eal hê is bealuwes full 194. oder hinterher: nâ-wiht elles 201.

Drittes Kapitel. Die Apposition und das Attribut.

§ 94. Die Apposition.

Die der angelsächsischen Dichtung so geläufige Apposition findet sich in BDD. verhältnismässig nicht so oft, was seinen Grund darin haben mag, dass das Gedicht zu einem guten Teile aus blosser Aufzählung besteht. Als Apposition finden sich Substantiv, Adjektiv, Particip und das unbestimmte Zahlwort eal; die Apposition tritt zu Substantiven und anderen Nomina von substantivischer Geltung.

1. Das appositive Substantiv.

    a) bei Substantiven: synna gemunde lîfes leahtra 13. — beþunga and plaster, lîfes lǽcedômes (lǽcedômes steht hier für lǽcedômas) 81. — þonne cumað upplîce êoredhêapas, stiþ-mægen âstyred 114. — witu ðâ dêoflum gêo drihten getêode, âwyrgedum gâstum 183. — his sunu blîðe, sigores brytta 277. — sêo frôwe þe ûs frêan âcende, metod on moldan 292. — betweox fæder and sunu, frêolîcum werede 296.

    b) beim substantivierten Adjektiv: nû þê ælmihtig êarum âtihtum, heofonrîces weard, gehŷrcð 70 (jedoch liesse sich hier ælmihtig als vorausgesetztes Attribut ansehen). — eal engla werod êcne behlǽnað, ðone mǽran metod 116.

    c) beim Pronomen: nû ic êow fǽddran ealle bidde 26. — þe ealle lǽt ǽnlîcu godes drût, sêo frôwe þe ûs frêan âcende, .. mêowle sêo clǽne, þæt is Maria 291/3.

2. Das appositive Adjektiv.

    Das appositive Adjektiv nimmt eine selbständige Stellung ein, in Vertretung eines Satzes.

    a) beim Substantiv: dôm þone miclan 15. — þæt gê wylspringas wel ontŷnan, hâte on blêorum 28. — mid lyt wordum, ac gelêaffullum 61. — se þrosma lîg and se þrece gicela, swîðe hât and ceald 192. — uncyst on-weg & ælc gælsa, scyldig scyndan on secade þone 238. — se earma flŷhð uncræftiga slǽp, sleac mid sluman 240. — his sunu blîðe 277. — þǽr ... hwyrfð mǽden-hêap ... beortost wereda 289. — mêowle sêo clǽne 292. — Maria, mædena sêlast 293.

b) beim Pronomen: þâ ic fêringa forht and unrôt ... onhefde 10. — ic syuful 29. — sê þe ... mæg ... blîðe ... his þêodne geþêon 251. — hêo ... gebletsodost ealra 295. — heora heortan horxlice wyrmas syn scyldigra ccorfað 168.

3. Das appositive Particip.

a) für das Präsens kein Beispiel.

b) das Particip des Präteritums: wê bêoð fêringa him beforan brôhte, æghwanum cumene 120 (kann auch prädikativ genommen werden). — mæden-hêap, blôstnum behangen 289.

4. Das appositive Pronomen.

Nur eal ist mir als Apposition begegnet: nû ic êow æddran ealle bidde 26. — earm and êadig ealle bêoð âfêred 162. — forðon hî habbað ege ealle ætsomne 164. — gearnade sâr ealle ic gecîge 32.

§ 95. Das Attribut.

Das Attribut geht mit dem Substantiv eine enge Verbindung ein, stimmt daher mit ihm in Kasus, Geschlecht und Zahl überein. Als Attribut werden verwendet Adjektiv und Particip.

1. Das attributive Adjektiv.

Die hauptsächlichste Funktion des Adjektivs ist es, als Attribut substantivische Wörter näher zu bestimmen.

a) bei Substantiven ohne den best. Artikel. Nur der (starkflektierte) Positiv erscheint in dem vorliegenden Gedichte.

α) Maskulinum: nom. sing. mihtig frêa 19. — hû egeslic and hû andrysne ... cyninge 95. — êce drihten 271. — dwolma sweart 106. — uplic lyft 145. (fem.) — fŷren lig 151. — eal ârlêas hêap 174. — stearc-heard wôp 200. — lytel sperca 218. — angryslic ege 225. — hêanlic slêp 257. — færlic cwyld 258. (cwyldas in V. 248 erweist dies Wort als Maskulin) — lâðlic storm 262. — hrêoh tintrega 261. — gen. sing. yrre .. êces dêman 76. — ælmihtiges godes 285. — rædwitan rôdera-weardes 298. — dat.-instr. sing. uplicum læce 46. — ĉcum drihtne 37. — on ǽnlícum wonge 6. — ǽttrenum líge 145. (neutr.) — réadum líge 149. — miclum cỹle 195. — lígspíwelum bryne 209. — acc. sing. gearugne tíman 68. 91. — fỹrene egsan 180. — nom. plur. carmsccape men 196. — uppliee ĉored-hĉapas 113. (vgl. Lumby's Anmerkung) — dígle geþancas 135. — wæl-grimme wyrmas 210. — hagul scûras hearde 264. — gen. plur. bĉanra gylta 39. — dat.-instr. plur. sealtum dropum 36. — mid hrĉowlícum tĉarum 75. — mid stíðum ... sticelum (masc.?) 179. — blindum ... biterum ligum 241. — acc. plur. hálige wítegan 283. — rôsena rĉade hĉapas 286.

β) Femininum: nom. sing. ǽnlícu godes drût. 290. — þû synnigu tunge 67. — sârimôd swîðlíc gristbitung 226. — lĉoflíc geþwǽrnes 270. — hĉalíc gifu 279. — gen. sing. ungerỹdre sǽ 102 (Lumby sǽs?) — dat. sing. on middan gehǽge 4. — earmre sâuwle 43. — mid bitere care 213. — acc. sing. scearplíce bysne 53 Lumby sieht scearplíce als Adverbium an und übersetzt hû ne gesceôp þĉ sĉ scaþa scearplíce bysne mit did not the thief warn thee sharply with example, der lateinische Text lautet nonne exempla tibi pendens dabat in cruce latro 27. — ĉce mĉde 278. — dat. plur. betwyx forsworcenum sweartum nihtum 198. — acc. plur. torne synne 79. — fulle stôwa 188. wie mit Brandl wohl besser statt fûle zu lesen ist — heofonlíce hyrsta 279.

γ) Neutrum: nom. sing. geban miccl 128. — ĉce gôd 268, — láðlíc fûl 205. — gen. sing. wáces flǽsces (= líni Dochtes) 51. — láðlíces fỹres 209. — dat. sing. on blindum scrǽfe 230. — frĉolícum werede 296. — in grimmum sûsle 189. — acc. sing. drĉorige blĉor 35. — wanhydig gemôd 50. — dat.-instr. plur. openum wordum 41. — on þỹstrum scræfum 139. — be árnum gewyrhtum 169 (= meritis 84.) — brynigum tuxlum (dentibus) 211. — on .. ĉadegum setlum 303. — acc. plur. earmlíce witu 187.

b) bei Substantiven mit dem bestimmten Artikel, einem Demonstrativ- oder Possessivpronomen.

α) mit dem bestimmten Artikel: Mask. se egeslîca swêg 102. — se bitera wôp 172. — se earma .. uncræftiga slǽp 239. — se lâðlîca cýle 259. — gen. sing. þæs breman fæder 295. — þæs dimman .. dêaðes 14. — dat. sing. þâm rîcan frêan 74. — acc. sing. ðone mǽran metod 116. — þone wlacan smocan 51. — — Fem. sêo sôðe brêow 56. — betwyx þǽre êcan uplicum sibbe 297. — þâ langan tîd 13. — þâ earman sâula 166. — — Neutr. þæt earme brêost 212. — þæs heofenlîcan lêohtes scîman 254. — gemang þâm ǽnlîcan .. werode 280. — þæt êce yrre 17. — þæt wêrige môd 244. — ðâ atelan .. êcan wîtu 217. — þâ ǽnlîcan geatu 63. —

β) mit dem Demonstrativpronomen: Mask. þâs unhýrlîcan fers 11. — — Fem. on þâs frêcnan tîd 214. — Neutr. þis atule gewrixl 196. — ðæt rêðe flôd 165. — þâ scênan scînendan rîcu 294. —

γ) mit dem Possessivpronomen: Fem. his dîhlan miht 20. —- Neutr. mîn earme môd 9. — heora synnigan brêost 159.

Anmerkung. Als Kasus der Anrede erscheint der Nominativ in V. 65 schwach: lâ, earme geþanc gegen þû synnigu tunge 67.

2. Das attributive Particip

a) des Präsens erscheint

α) ohne Artikel: Mask. waldend crist 52. — syppend god 73. — Neutr. weallendes pices wêan (Neutr.?) 199. — fyrgende flǽsc 214 (= caro luxurians 107). blissiendum môdum 284.

β) mit dem Artikel oder dem Demonstrativpronomen: Mask. se wrecenda bryne 154.*) — þâ wânigendan*) welras 208. — Neutr. þâ scênan scînendan rîcu 294.

b) Das des Präteritums ist nur ohne Artikel belegt: Mask.

*) Vgl. Brandl a. a. O.

âwyrgedum gâstum 183. — Fem. betwyx forsworcenum sweartum nihtum 198. — geswenced yld 255. — Neutr. gearnade sâr 32. — âglidene môd 47. (man vgl. § 24) — êarum âtihtum 69.

§ 96. Die Stellung des attributiven Adjektivs und Particips. Bei weitem am häufigsten ist das attributive Adjektiv vor sein Beziehungswort gestellt. Nur in folgenden Stellen steht es nach: dwolma sweart 106. — geban micel 128. — hagul scûras hearde 264. — unrôtnes æghwær wæl-hrêow 227. Das Particip des Präsens steht immer voran, das des Präteritums einmal nach: earum âtihtum 69. Im übrigen ist die Stellung des Attributs eine ziemlich freie: es kann durch Satzglieder und -bestimmungen von seinem Substantiv getrennt werden, z. B. þæs dimman cyme dêaðes 14. — þê mid stîðum âstyrest sticelum 179. — unrôtnes æghwær wæl-hrêow 227. — gemang þâm ænlîcan engla werode 280. — ænlîcu godes drût 290. — deriende gedwînað heonone þysse worulde gefêan 231.

§ 97. Zwei Attribute und ein Beziehungswort.

Wenn zwei Attribute auf ein Substantiv bezogen werden, so stehen dieselben vor dem Substantiv,

a) asyndetisch dem Substantiv beigegeben: ðonne blindum besêah biterum lîgum 241. — se carma flýhð uncræftiga slæp 239. — þær ða atelan synd êcan wîtu 217.

Ohne trennendes Satzglied: betwyx forsworcenum sweartum nihtum 198 — sârimôd swîðlîc gristbitung 226. — þâ scênan scînendan rîcu 294.

b) oder syndetisch, bei Vorhandensein einer determinativen Bestimmung mit Wiederholung derselben: hû egeslîc and hû andrysne hêah-þrymme cyninge hêr wile dêman 95.

§ 98. Ein Attribut und zwei Beziehungswörter.

Aus den beiden vorkommenden Beispielen, in denen dasselbe Attribut auf zwei Substantive bezogen wird, kann auf die Kongruenz des Adjektivs nicht geschlossen werden, zumal da anderwärts das Femininum mehrsilbiger Adjektive in derselben Stellung teils mit teils ohne Endung erscheint, man vgl. hêalic gifu 279 mit fênlicu godes drût 290. — Die beiden Beispiele sind: angryslic ege and fyrhtu 225. — weallendes pices wêan and þrosmes 199.

Anmerkung. Die Stellung der attributiv gebrauchten Possessiv-, Relativ-, indefiniten Pronomina und Zahlwörter ergiebt sich aus den betreffenden Abschnitten. Über das Prädikatsnomen vgl. man § 5.

Zweiter Abschnitt.
Der zusammengesetzte Satz.

Erstes Kapitel. Die Beiordnung der Sätze.

A. Die syndetische Beiordnung.

§ 99. Die kopulative Beiordnung.

1. and.

a) Die Anreihung von Sätzen gleicher Rangstellung geschieht durch and: wynwyrta .. blêowon .. and þû wudu-bêamas wagedon and swêgdon 7. — ic gemunde þis mid mê and ic mearn swîðe and ic ... cwæð 24. — so noch 9. 32. 101. 102. 108. 167. 210. 234. 236. 239. 244. — V. 286 and betweoh rôsena rêade hêapas þær symle scînað schliesst sich mittelst and an das Vorhergehende an, wie schon die Auslassung des Subjekts bei scînað andeutet, dieselbe spricht gegen Lumby's Interpunktion.

Nebensätze werden gleichfalls durch and verbunden, z. B. hû micel forstent and hû mære is sêo sôðe hrêow 55.

An ein nominales Objekt wird ein Objektsatz durch and angereiht: þæt êce ic êac yrre ondræde mê .... and hû mihtig frêa eall manna cynn tôdæleð 19.

b) And ist oft mehr als bloss anreihend. Aus einer gewissen Bequemlichkeit wählt die Sprache die Form der Anreihung, anstatt das logische Verhältnis der Sätze zu einander genauer zu bestimmen. So ist seinem Inhalte nach betrachtet das angereihte Glied

α) der Gegensatz zum vorigen Gliede: hwî ne forhtas þû fyrene egsan, and þê sylfum ondræd swîðlîce wîtu 181.

β) die Folge: ealle þurh yrnð oga ... and ... wôp, and þær staent âstifad ... eal ârlêas hêap 173.

c) Die partitive Wechselbeziehung wird ausgedrückt durch hwîlum — hwîlum, im zweiten Gliede mit êac: hwilum þær êagan ... wêpað, hwîlum êac þâ têþ ... gryrrað 193. 195.

2. Verneinende Sätze werden durch nê verknüpft, man s. hierüber § 83; ebenda über die Verknüpfung von Satzgliedern durch nê und nê-nê.

3. And êac dient dazu, Gleichwertiges anzufügen, oder eine Steigerung hervorzurufen: hleahter and plega hlêapað æt somne and wrænnes êac gewîteð heonone 235. — 17. — bei Satzgliedern 229. In derselben Weise verbindet êac swâ die Sätze: call corðe bifað, êac swâ þâ dûna drêosað 99. — Bloss Satzglieder verbinden in BDD. swylce 23 und and ... swâ some 42.

§ 100. Die disjunktive Beiordnung.

Haupt- und Nebensätze werden disjunktiv durch oððe verbunden, z. B. hwî latast þû? 66. — oððe hwî swigast þû? 67. — (gemyne) hû micel is þæt wîte .. oþþe hû egeslîc .. cyninge hêr wile dêman 94/97. — ebenso 132.

Im verneinenden Satze können Satzglieder durch oþþe verknüpft werden, man vgl. § 83.

Einmal, V. 201, findet sich auch elles als disjunktive Partikel zur Verbindung von Satzgliedern: wôp and wânung, nâwiht elles.

§ 101. Die adversative Beiordnung.

Der voranstehende Satz wird durch den folgenden beschränkt oder aufgehoben. Die häufigste Verwendung erfährt ac.

a) Beschränkung: hwî swîgast þû, synnigu tunge .... nû þê ælmihtig .... gehŷreð mid lustum, ac sê dæg cymeð ðonne dêmeð god 71. — Ebenso Satzglieder: mid lyt wordum, ac gelêaffullum 61.

b) Aufhebung: ne bið þær ansŷn gemêt ænigre blysse, ac bið angryslîc ege and fyrhtu 225. — (so nach Brandl, hs. hat þæt bið statt ac bið). — 171.

Es findet zugleich Übergang aus der abhängigen in die unabhängige Rede statt: (ic bidde) þæt gê ne wandian wiht for tearum, ac drêorige hlêor dreccað mid wôpe 35., indem ic bidde þæt als eine Aufforderung angesehen wird.

Einmal begegnet swâ þêah zur adversativen Zusammenstellung zweier Sätze: se sceaða wæs .... mid undædum eall gesŷmed, hê drihtene, swâ þêah, dêaðe gehende, his bêna bebêad 59.

§ 102. Die kausale Beiordnung.

Für kausale Beiordnung findet sich nur ein Beispiel, und zwar enthält der angeknüpfte Satz eine Folgerung und wird durch forðon angeschlossen: þær hæfð âne lage earm and se welega, forðou hî habbað ege ealle ætsomne 164.

B. Die asyndetische Beiordnung.

§ 103. Die Asyndese findet sich in BDD. nicht eben häufig, trotzdem dass die Behandlung dieses Stoffes eigentlich Anlass bot von der Asyndese Gebrauch zu machen, besonders bei der Aufzählung der im Jenseits die Menschen erwartenden Dinge.

§ 104. Die Asyndese ersetzt die kopulative Beiordnung. Þonne cumað upplîce êored-hêapas, stîþ-mægen âstyred, styllað embûtan, eal engla werod êene behlêuað 115. — sitt þonne ... swegles brytta on hêah setle .... wê bêoð fêringa him beforan brôhte 119. — 273 desgleichen.

Bei Nebensätzen findet sich diese asyndetische Anreihung V. 69 nû þû forgifnesse hæfst gearugne tîman, nû þô ælmihtig ... gebŷreð und V. 217 und 218.

Entgegen Lumby möchte ich asyndetische Beiordnung annehmen in V. 72 ac sê dæg cymeð ðonne dêmeð god corðan ymbhwyrft, (erg. ðonne) þû âna sealt gyldan scâd wordum wið scyppend god.

Die Asyndese findet ferner Verwendung bei tautologischer Wiederholung desselben Gedankens: hwæt dêst þû, lâ flæsc, hwæt drôgest þû nû? 175.

Auch einzelne Satzglieder treten asyndetisch in solchem Parallelismus hintereinander auf: nû þû sealt grêotan, tearas géotan 82. — ðonne ... béoð calra gesweotolude dîgle gepancas .... eal þæt ... 136. — þæt unâlýfed is nû léofes*) on lîfe, lâð bið þænne 243; ferner 57/58. 142/3. 187/8. 232. 40/41. 30. 158.

§ 105. Die kausale Beiordnung wird durch asyndetische Anreihung ersetzt

a) zur Angabe des Grundes: ic fêringa .. þâs unhýrlîcan fers onhefde mid sange, eall swylce þû ewæde, synna gemunde 12 (über gemunde vgl. § 12) — hwîlum þær êagan ungemetum wêpað for þæs ofnes bryne, eal hê is bealuwes full 194. Lumby interpungiert an der letzteren Stelle anders.

b) zur Angabe der Folge: hê drihtene .... his bêna bebêad ... hê ... his bæle begeat 62.

Anmerkung. Die disjunktive und die adversative Beiordnung habe ich nicht durch Asyndese ersetzt gefunden.

§ 106. Die Vermischung von Syndese und Asyndese.

Bei paarweise verknüpften Gliedern findet sich die syndetische Beiordnung mit der asyndetischen gemischt: þær wynwyrta weôxon and blêowon .. and þâ wudu-bêamas wagedon and swêgdon þurh winda gryre, wolen wæs gehrêred, and min carme môd eal wæs gedrêfed 5—9. — (fæder ealle) wuldraþ and wel hylt, fægere frætuað and frêolîce lufað 274/275.

Auch Satzglieder werden paarweise zusammengefasst: þearfan and þêod-cyningas, earm and êadig ealle bêoð âfæred 162. — fýren lîg blâwað and braslað ... ræset and êfesteð 152.

C. Die Zusammenziehung beigeordneter Sätze.

§ 107. Wenn mehrere beigeordnete Sätze einen oder mehrere Satzteile mit einander gemein haben, können sie so zusammengezogen werden, dass der gemeinschaftliche Teil nur einmal gesetzt wird. Der gemeinschaftliche Teil muss in den betr. Sätzen die nämliche Bedeutung und Form haben. Die Zusammenziehung erfolgt sowohl in syndetischer als in asyndetischer Weise, bei Hauptsätzen wie bei Nebensätzen. Zusammengezogene Sätze sind auch diejenigen, die zwei oder mehr

---

*) Vgl. Brandl a. a. O.

Subjekte und nur ein Prädikat haben, darüber vergleiche man § 89, ferner diejenigen, welche éin Subjekt und mehr als ein Prädikat besitzen, wie z. B. ĉalâ sê bið gesǽlig and ofer sǽlig 246. — Eine Aufführung aller dieser Fälle würde keinen Wert haben.

§ 108. Die syndetische Zusammenziehung
a) von beigeordneten Hauptsätzen: ðis is ân bêl carmre sâuwle and þâm sorgiendum sêlest hihta 44. — ǣne bið geban micel and âboden þider eal adames cnôsl 128. — nê se wreĉenda brync*) wile forbûgan oððe ǽnigum þǣr âre gefremman 155. — (Vgl. § 24 forbûgan), ferner 31. 48. 63. 166. 168. 178. 179.
b) von beigeordneten Nebensätzen: ic lǽre þæt þû hêo hrædra ... and þæt yrre forfôh 76. — eal þæt sêo heorte hearmes geþôhte, oððe sêo tunge tô têonan geclypede, oþþe mannes hand mânes gefremede 136/8. Die meisten dieser Zusammenziehungen sind kopulative Vereinigungen, die disjunktiven sind oben mit aufgeführt bis auf eine in V. 132/3. — Kausale und adversative Satzvereine habe ich nicht so zusammengezogen gefunden.

Gegen die Regel, dass das gemeinsame Glied zu beiden Sätzen in dem nämlichen grammatischen Verhältnisse stehe, wird verstossen in V. 131, wo die gemeinsame Relativpartikel þe, die ja allerdings blosse Formel ist, erst Nominativ ist, dann aber als Akkusativ ergänzt werden muss: cnôsl corðbûendra þe on foldan wearð fêded*) ǣfre oððe môdar gebær tô manlîcan.

§ 109. Die asyndetische Zusammenziehung
a) von Hauptsätzen: þonne cumað .. dêað bêacnigende, brêgað þâ earman 112. — ebenso 114. 127.
b) von beigeordneten Nebensätzen: sê dæg cymeð ðonne dêmeð god corðan ymbhwyrft, þû âna scealt gyldan scâd wordum 72. — (Lumby nimmt diese Asyndese nicht an.)
Nur solche asyndetische Zusammenziehungen finden sich, in denen die Asyndese die kopulative Beiordnung vertritt.

*) Man vgl. Brandl a. a. O.

Anmerkung 1. Zu unterscheiden von der Zusammenziehung der Sätze ist die emphatische Wiederholung desselben Begriffes mit anderen Worten, z B. ic synful slêa swiðe mid fýste, brêost mine bêate 30. (Man vgl. § 104).

Anmerkung 2. Eine Bemerkung über ein vorkommendes Anakoluth möge hier Platz finden. Im Verse 196 heisst es: þis atule gewrixl, earmsceape men on worulda woruld wendað þær inne. Wahrscheinlich hat der Verfasser den absoluten Ablativ des lateinischen Textes nachahmen wollen. Daselbst lauten die V. 98 und 99: his miseris vicibus miseri volvuntur in aevum obscuras inter picea caligine noctes.

Zweites Kapitel. Die Unterordnung der Sätze.

§ 110. Die unterordnende Satzverbindung.

Die Unterordnung bezeichnet einen Gedanken als von einem anderen abhängig. Der untergeordnete Nebensatz enthält einen Gedanken, der zu dem Inhalte des übergeordneten Satzes eine Bestimmung angiebt. Demnach verhalten sich die Nebensätze, als ergänzende und bestimmende Glieder, zum Hauptsatze, wie die Bestimmungen des einfachen Satzes zu diesem.

Die Nebensätze entsprechen also den substantivischen, adjektivischen und adverbialen Satzbestimmungen des einfachen Satzes und werden daher eingeteilt in:

1. Substantivsätze, 2. Adjektivsätze, 3. Adverbialsätze.

In den nachstehenden Paragraphen wird eine vollständige Aufzählung sämtlicher in BDD. vorkommender Nebensätze gegeben werden.

I. Der Substantivsatz.

§ 111. Der Substantivsatz kann rücksichtlich seines Verhältnisses zum Hauptsatze sein

a) Subjektsatz. Der Subjektsatz ist das Subjekt zum Prädikate des Hauptsatzes, und zwar steht er entweder als alleiniges Subjekt da, oder er ist das logische Subjekt, das durch ein grammatisches gestützt wird. Man vgl. § 86.

Eingeleitet wird er mit þæt.

nû is hâlwende þæt man hêr wêpe and dædbôte dô 84.

— ðis is ân hǽl carmre sâuwle and þâm sorgiendum
sêlest hihta, þæt hê wunda hêr wôpe geeýðe uplîcum
lûce 45.

b) Objektsatz. Der Objektsatz stellt das Objekt des
Verbs im Hauptsatze dar, entspricht also dem Objektskasus im einfachen Satze. Er hat eine zwiefache
Form, entweder ist er eingeleitet mit der Konjunktion
þæt, oder er ist ein indirekter Fragesatz.

α) Mit þæt eingeleitet. Sämtliche Beispiele des mit
þæt eingeleiteten Objektsatzes in den Versen 27. 34.
76. 122. 141 sind bereits unter dem Modus im § 54.
2. a) β) aufgeführt worden.

β) Abhängige Fragesätze werden eingeleitet mit hû:
(ic ondrǽde mê) hû mihtig frêa eall manna cynn
tôdǽleð and tôdêmeð 19/20. hû ne gesceôp þê sê
scaþa scearplîce bysne .... hû micel forstent and
hû mǽre is sêo sôðe hrêow 55. — gemyne êac on
môde hû micel is þæt wîte ... oþþe hû egeslîc
.... cyninge hêr wile dêman 92—95. — gemune
hû micel bið se brôga 122. — fýren lîg ... ræset
and êfesteð hû hê synfullum sûsle gefremede 153.
— Man vgl. § 54. 2. a) β).

II. Der Adjektivsatz.

§ 112. Der Adjektivsatz schliesst sich mittelst eines relativen Pronomens oder einer relativen Partikel an ein substantivisches Beziehungswort des Hauptsatzes an.

a) Der Adjektivsatz wird eingeleitet durch ein Relativpronomen (als solches ist der Einfachheit halber
auch þe angesehen), welches sich auf ein Substantiv
oder ein substantivisches Pronomen zurückbezieht.

α) der Nebensatz wird auf ein Substantiv mit demon-
strativem Korrelat bezogen, oder das Korrelat ist
ein substantivisches Demonstrativum: sê scaþa ...
þe mid criste wæs cwylmed on rôde 54. — sêo
frôwe þe ûs frêan âcende 291. — þæt wîte þe
þûra earmra byð 92. — sê bið gesǽlig .. and ..
wihta gesǽligost sê þe mid gesyntum swylce ewyl-

das .... mæg wel forbúgon 248. — þâ þe wǽron oððe woldon béon oþþe tô-weardc geteald wǽron áwiht 132/3.

β) Der Nebensatz bezieht sich auf ein nicht durch demonstratives Korrelat bestimmtes Substantiv oder auf ein persönliches oder unbestimmtes Pronomen: enôsl corðbûendra þe on foldan wearð féded*) ǽfre oððe môdar gebær tô manlîcan 130/131. — þê sylfum ondrǽd swiðlîce wîtu ðâ dêoflum gêo drihten getêode 182. — on grunde þe wæs in grimmum sûsle on helle 189. — ne bið þǽr fultum nân þæt wið þâ biteran þing gebeorh mǽge fremman 223. — eal þæt sêo heorte hearmes geþôhte 136. — eal þæt hwæne sccamode 140. — eal þæt ûs þineð æmtig 148. — (fers) eal swylce þû cwǽde 12. — Man vergl. § 54. 2. b).

b) Der Adjektivsatz wird eingeleitet durch eine relative Partikel — (ausser þe, welches der Einfachheit halber oben einem Relativpronomen gleichgeachtet ist) — die an ein Substantiv der Zeit- oder Ortsangabe sich anschliesst.

holte tômiddes þǽr þâ wæterburnan swégdon and urnon 3. — byrgum tô middes þǽr þâ ǽrendracan synd ælmihtiges godes 285. Lumby sicht das letzte þǽr als Demonstrativum an, aber diese Stelle übersetzt das lateinische inter apostolicas arces V. 145. — (ewcartern) þǽr ðâ atelan synd êcan wîtu, þǽr lêohtes ne lêoht lytel sperea 217. 218. — Auch hier übersetzt Lumby beide þǽr mit there, der lateinische Text hat in V. 109 ubi. Man vgl. § 77. 1. a) *α*) und über die Asyndese § 104.

ac sê dæg cymeð ðonne dêmeð god eorðan ymbhwyrft, þû âna scealt gyldan scâd wordum wið scyppend god 71. 72. — Lumby fasst þû etc. als Hauptsatz, im lateinischen Texte schliesst sich der Adjektivsatz mit qua an „dies" an (V. 37). Man vergl. § 104.

---

*) Vgl. Brandl a. a. O.

c) Der substantivierte Adjektivsatz wird eingeleitet durch das beziehungslose Relativum, welches den Demonstrativbegriff zugleich mitenthält. Der substantivierte Relativsatz hat zugleich die Natur eines konkreten Substantivsatzes: þonne bið eallum open.... þæt man lange hæl 143. — ðonne blindum besêah biterum ligum earme on ende þæt unâlŷfed is nû 242. — þe calle lêt... þæt is Maria 290.

Anmerkung. Das Relativum kann ausgelassen werden, und zwar trifft die Auslassung beide Male den Nominativ: ne bið þǣr ansŷn gesewen ænigre wihte bûtan þara ewelra ‖ beewylmað ðâ earman 203. — gif þû wille secgan sôð þǣm ‖ ðê frîneð 300.

III. Der Adverbialsatz.

§ 113. Der Adverbialsatz wird mittelst einer unterordnenden Konjunktion an den Hauptsatz angefügt; die Konjunktion drückt das logische Verhältnis aus, in welchem der Nebensatz zum Hauptsatze steht. Die vorkommenden Adverbialsätze sind 1. Adverbialsätze der Zeitbestimmung, 2. der Kausalität und 3. einer der Modalität.

§ 114. Der Adverbialsatz der Zeitbestimmung.

Der Temporalsatz nû þû secalt grêotan... þâ hwîle tima sŷ 83. giebt die Zeitdauer an. Der die Zeitdauer ausdrückende, mit nû eingeleitete Adverbialsatz der Zeitbestimmung streift das kausale Gebiet: hwî swîgast þû, synnigu tunge, nû þû forgifnesse hæfst gearugne tîman, nû þê ælmihtig .. gehŷreð mid lustum 68/70.

Die Adverbialsätze der Kausalität.

§ 115. Der Kausalsatz.

Der Kausalsatz im engeren Sinne dient zum Ausdrucke

a) des Sachgrundes. Kein Beispiel vorhanden; über die Wiedergabe des lateinischen begründenden cur in V. 107 durch for hwî in V. 214 vgl. man § 79. 1.

b) des Erkenntnisgrundes: hwæt mæg bêon heardes hêr on lîfe gif þû wille secgan sôð þǣm ‖ ðê frîneð, wið þâm þû môte gemang þâm werode cardian unbleoh 299—301.

Ich nehme an, dass wið þâm für wið þâm þæt steht,

wenn ich auch keine Belege dafür habe finden können, dass wið þâm so gebraucht würde. Aber nach der Analogie von for þâm wird man es wohl annehmen dürfen. Koch im zweiten Bande seiner Grammatik § 513 sagt zu for þâm: Gewöhnlich bedeutet for þam (þe) nicht die Folgerung, sondern die Begründung, und diese Bedeutung lässt sich nur aus for þam þæt erklären, z. B. waciað ge, forðon ge ne witan þone dæg ne þa tide (weil ihr Tag und Stunde nicht kennt). Wið þâm würde demnach einen ne. seeing that oder considering that entsprechen.

Anmerkung. Lumby sagt in seiner Note zu V. 301 zwar, þâm in 301 sei das erste Mal Plural, das zweite Mal Singular, übersetzt aber jenes erstere þâm in der Verbindung wið þâm mit to set against this, also der obenstehenden Erklärung entsprechend.

§ 116. Der Bedingungssatz.

a) Eingeleitet mit gif, giebt der Bedingungssatz die Bedingung an, unter der die Handlung des Hauptsatzes möglich ist: Glæd bið se godes sunu gif þû guorn þrowast 86.   hwæt mæg bêon heardes hêr on life gif þû wille secgan sôð 300.

b) Eingeleitet mit der ausschliessenden Partikel bûtan, bezeichnet der Bedingungssatz die beschränkende Forderung, nach deren Erfüllung allein das Eintreten der Handlung im Hauptsatze möglich ist: nê se wrecenda brynæ wile .... ænigum þær âre gefremman, bûton hê horwum sŷ hêr âfeormad and þonne þider cume þearle âclænsad 156/157. — Im verkürzten Satze findet sich bûton zweimal 203. 205.

§ 117. Der Folgesatz.

Der Folgesatz drückt das Ergebnis der Handlung im Hauptsatze aus

a) mit Beziehung auf ein Korrelat: (fyrgende (luxurians) flêse) hym selfum swâ fela synna geworhte, þæt hit on eweartern ewylmed wyrde 216.

b) ohne Korrelat, nach negativem Hauptsatze: nê se môna næfð nânre mihte wiht, þæt hê þære nihte genipu mæge flecgan 110. — nê þær ôwiht inne ne beltfe on heort-scræfe hêanra gylta, þæt hit ne sŷ dægeûð 40.

§ 118. Der Absichtssatz.
Der Absichtssatz giebt den Zweck der Thätigkeit im Hauptsatze an: wê bêoð fŷringa him beforan bröhte ... that gehwile underfô dôm he his dǽdum 121.

§ 119. Der Modalsatz.
Das einzige anzutreffende Beispiel eines Modalsatzes bestimmt die Beschaffenheit des Thätigkeitsbegriffes im Hauptsatze durch vergleichende Gegenüberstellung eines anderen Thätigkeitsbegriffes; der Nebensatz bestätigt die im Hauptsatze aufgestellte Behauptung: þâ wæterburnan swêgdon and urnon on middan gehæge, eal swâ ic secge 4.